Schriftenreihe des
EUROPA-KOLLEGS HAMBURG
zur Integrationsforschung

Herausgegeben von
Prof. Dr. Peter Behrens
Prof. Dr. Sigrid Boysen
Prof. Dr. Thomas Bruha
Prof. Dr. Thomas Eger
Prof. Dr. Armin Hatje
Prof. Dr. Markus Kotzur
Prof. Dr. Gert Nicolaysen †
Prof. Dr. Stefan Oeter
Prof. Dr. Jörg Philipp Terhechte
Prof. Dr. Wolf Schäfer †

Band 84

Miriam Bistrovic | Andreas Grimmel | Armin Hatje
Paul Nemitz | Miriam Rürup (Hrsg.)

Walter Grab und die Demokratiebewegung in Europa

Ein Leben für die Wissenschaft zwischen Wien, Tel Aviv und Hamburg

Nomos

Onlineversion
Nomos eLibrary

Die Deutsche Nationalbibliothek verzeichnet diese Publikation in der Deutschen Nationalbibliografie; detaillierte bibliografische Daten sind im Internet über http://dnb.d-nb.de abrufbar.

ISBN 978-3-8487-7293-3 (Print)

ISBN 978-3-7489-1308-5 (ePDF)

1. Auflage 2022

Vorwort

Am 17. Februar 2019 wäre Walter Grab 100 Jahre alt geworden. Sein persönlicher Werdegang spiegelt die Herausforderungen und politischen Verwerfungen des 20. Jahrhunderts wider. Walter Grab wurde als Sohn einer jüdischen Familie am 17. Februar 1919 in Wien geboren. Nach dem Abitur studierte er ein Semester Rechtswissenschaft an der Universität Wien. Nach dem Anschluss Österreichs an das nationalsozialistische Deutschland flüchtete er 1938 mit seinen Eltern nach Tel Aviv. Seine akademische Ausbildung konnte er zunächst nicht fortsetzen. Er war im Geschäft seiner Eltern, einem Handel mit Handtaschen, bis zu seinem 43. Lebensjahr tätig. Erst 1962 begann er an der Hebräischen Universität Jerusalem und der Universität Tel Aviv mit dem Studium der Geschichte, Philosophie und Literaturwissenschaft. Dabei fielen sein starkes Gedächtnis, seine gute Wiener Gymnasialbildung und sein schriftstellerisches Talent auf. Als Student der Geschichte kam er mit einem Stipendium der Friedrich Ebert Stiftung nach Hamburg und wohnte im Europakolleg. Im Jahre 1965 wurde er in Hamburg bei Fritz Fischer über *Demokratische Strömungen in Hamburg und Schleswig-Holstein 1792–1799* promoviert.

Als Historiker hat er wichtige Beiträge zur Demokratiegeschichte und ihrer Verbindung zur Emanzipation der Juden geleistet. Insbesondere die Französische Revolution und ihre Wirkungen haben ihn lebenslang beschäftigt. Dabei stand auch die Frage im Mittelpunkt, weshalb die Ideen der Revolution in Deutschland nicht den gleichen Erfolg hatten wie etwa in Frankreich oder England. Diese Forschungen verknüpfte er mit einem anderen großen Thema, zu dem er ebenfalls bedeutende Beiträge geleistet hat: Dem Verhältnis zwischen der Demokratiebewegung und der Emanzipation der Juden in Europa. Im Rahmen eines interdisziplinären Kolloquiums wurden seine Arbeiten gewürdigt und mit der Frage nach der Zukunft der Demokratie in Europa verknüpft. Die Ergebnisse werden in diesem Band einer breiteren Öffentlichkeit zugänglich gemacht. Die transatlantische Brücke wurde durch die Einbindung des Leo Baeck Institute – New York | Berlin geschlagen, das die Konzeption und Realisierung des Kolloquiums beratend begleitete und die Bibliographie beisteuerte.

Wir danken der Freien und Hansestadt Hamburg, namentlich Herrn Senator Dr. Carsten Brosda, sowie der Hamburgischen Wissenschaftlichen Stiftung für die finanzielle Unterstützung der Tagung und dieser Publikation. Schließlich sind wir dem Europa-Kolleg Hamburg, dem Institut für die Geschichte der deutschen Juden in Hamburg sowie dem Heinrich Heine-Haus für die Gastfreundschaft während der Tagung zu aufrichtigem Dank verpflichtet.

Hamburg, im August 2021

Miriam Bistrovic, Andreas Grimmel, Armin Hatje, Paul Nemitz und Miriam Rürup

Senatsempfang zur Konferenz „Walter Grab und die Demokratiebewegung in Europa“ am 13. Februar 2019

*Begrüßung durch Paul Nemitz, Brüssel**

Sehr geehrter Herr Senator Dr. Brosda, Frau Prof. Rürup, Prof. Hatje, sehr geehrter Herr Prof. Dan Diner, liebe Angehörige der Familie Walter Grab – Yael Kupferberg und Alexander Grab, sehr verehrte Gäste,

am 17. Februar 2019 wäre der Historiker Walter Grab 100 Jahre alt geworden.

Dies ist der Anlass für Wissenschaftler verschiedener Disziplinen und aus aller Welt, hier in Hamburg in den nächsten zwei Tagen unter der Überschrift „Walter Grab und die Demokratie Bewegung in Europa, Ein Leben für die Wissenschaft zwischen Wien, Tel Aviv und Hamburg“ das Leben und Werk Walter Grabs zu beleuchten. Dabei ziehen wir den Roten Faden von der Französischen Revolution über die frühe Demokratiebewegung in Deutschland bis zur Europawahl am 26. Mai dieses Jahres.

Wir danken dem Senat der Freien Hansestadt Hamburg und insbesondere Herrn Senator Dr. Brosda dafür, durch großzügige Finanzierung diese wissenschaftliche Konferenz zu ermöglichen.

Die Konferenz fügt sich ein in das Gedenkprogramm des Hamburger Senats zur Revolution in Hamburg 1918/19. Dazu werden wir sogleich noch etwas von Senator Dr. Brosda hören.

Walter Grab sah sich selbst als Gedächtniskünstler, Emigrant, Jakobinerforscher und Demokrat.

Die gute Gymnasialausbildung in Wien, die er bis zum 19. Lebensjahr genoss, und eine fast übermenschliche Merkfähigkeit für Fakten der Geschichte brachte der junge Walter Grab nach Palästina, als er mit seinen Eltern 1938 aus Wien dorthin floh. Noch bis zum 43. Lebensjahr arbeitete er im Beruf des Taschenhändlers, dem vom Vater ererbten Geschäft.

Mit Aufnahme eines Abendstudiums an der neu gegründeten Universität von Tel Aviv wurde sein Talent schnell erkannt.

---

* Paul Nemitz ist Hauptberater in der Generaldirektion Justiz und Verbraucher der Europäischen Kommission in Brüssel.

Nach Hamburg kam Walter Grab als Student der Geschichte, um sich bei Prof. Fritz Fischer zu promovieren. Er wohnte in Hamburg im Europakolleg, finanziell unterstützt durch die Friedrich-Ebert-Stiftung.

Wir danken Herrn Prof. Hatje, dem Vorsitzenden des Kuratoriums des Europakollegs in Groß Flottbek, dafür, dass er die Idee eines Seminars über Walter Grab, sofort begeistert aufnahm. Die Geschichte Walter Grabs ist ja auch ein Erfolgsausweis der Arbeit des Europakollegs in Hamburg.

Dank gilt auch Frau Professorin Miriam Rürup und dem von Ihr geleiteten Institut für die Geschichte der Deutschen Juden, für Organisation und inhaltliche Betreuung unseres Seminars. Sowie der Wissenschaftlichen Gesellschaft Hamburg für die finanzielle Unterstützung in Ergänzung zur Unterstützung durch den Senat. Dr. Miriam Bistrovic, die Vertreterin des Leo Baeck Instituts New York in Berlin, steuerte die umfangreiche Bibliographie von Walter Grab bei. Und der Verein Gegen Vergessen – für Demokratie e.V. sorgte für die Verbreitung der Einladung unseres Seminars.

Das Werk Grabs ist umfangreich. Es sind Standardwerke zur Französischen Revolution und zur deutschen Freiheitslyrik darunter, die auch in unseren Schulen genutzt wurden.

Es sei hier zur Einleitung nur daran erinnert, dass Grab den damaligen Bundespräsidenten Heinemann am 28. November 1969 in der Villa Hammerschmidt traf und ihm seine Promotion über „Demokratische Strömungen in Hamburg und Schleswig-Holstein 1792–1799" überreichte. Heinemann fragte: „Demokratische Strömungen im Zeitalter der ersten Französischen Republik. Hat es so etwas gegeben?".

Am 13. Februar 1970 hielt Heinemann dann seine berühmte Rede bei der Schaffermahlzeit in Bremen und sagte dort: „Traditionen gehören nicht in die alleinige Erbpacht von Reaktionären, obwohl diese am lautesten von ihnen reden." (...) „Aber nichts kann uns hindern, in der Geschichte unseres Volkes nach jenen Kräften zu spüren und ihnen Gerechtigkeit widerfahren zu lassen, die dafür gelebt und gekämpft haben, damit das deutsche Volk politisch mündig und moralisch verantwortlich sein Leben und seine Ordnung selbst gestalten kann."

Genau dies Tat Walter Grab für Deutschland, erst als Student, später als Gründer und Leiter des Instituts für Deutsche Geschichte an der Universität Tel Aviv.

Seine Studien zum Zusammenhang zwischen der Emanzipation der Juden und der Demokratisierung erinnern uns daran, dass steigender Antisemitismus immer auch ein Signal ist dafür, dass in der Demokratie etwas im Argen liegt.

Und seine Studien zur grenzüberschreitenden Verbreitung der Ideen der Französischen Revolution und der Demokratie in Europa haben heute, gerade im Wahljahr zum Europaparlament, eine besondere Bedeutung.

Wir schulden es dem Demokraten Walter Grab, klare Worte zu finden, wenn eine Partei im Wahlprogramm zur Europawahl die Abschaffung des gewählten Europäischen Parlamentes fordert. Wer heute die Abschaffung des Europäischen Parlamentes fordert, wird morgen vor dem Bundestag nicht Halt machen und muss deshalb als Verfassungsfeind beobachtet werden. Denn im Grundgesetz ist niedergelegt:

„Zur Verwirklichung eines vereinten Europas wirkt die Bundesrepublik Deutschland bei der Entwicklung der Europäischen Union mit, die demokratischen (…) und föderativen Grundsätzen (…) verpflichtet ist.“

Die Auseinandersetzung mit dem Werk des Historikers der Demokratie Walter Grab gibt uns Gelegenheit, die Antriebskräfte für demokratisches Engagement damals und heute neu zu entdecken. Tun wir dies mit der Absicht, unsere Demokratie in Deutschland und Europa zu stärken, sie wehrhaft zu machen gegen Anfeindungen ihrer Gegner und durch unser gemeinsames Engagement mit Leben zu füllen.

Herr Senator Dr. Brosda, in diesem Sinne, bitte ich Sie nun, das Wort zu ergreifen, bevor Prof. Dan Diner zu uns spricht.

Grußwort des Kultursenators Dr. Carsten Brosda Senatsempfang zur Konferenz „Walter Grab und die Demokratiebewegung in Europa“ am 13. Februar 2019

Liebe Angehörige der Familie Walter Grab,

sehr geehrte Frau Kupferberg und sehr geehrter Prof. Grab,
lieber Paul Nemitz,
sehr geehrte Frau Prof. Rürup,
sehr geehrter Herr Prof. Hatje,
sehr geehrter Herr Prof. Diner,
sehr geehrte Frau Dr. Bistrovic,
sehr geehrter Herr Dr. Grimmel,
sehr geehrter Herr Prof. Shahar,
sehr verehrte Gäste,

wir leben in bewegten Zeiten!

Schon vor etlichen Jahren haben wir intensiv den Befund von Colin Crouch diskutiert, dass westliche Industriegesellschaften zunehmen zu Postdemokratien würden, in denen die demokratischen Institutionen zwar ungerührt weiter funktionierten, in denen aber die aktive, öffentliche demokratische Auseinandersetzung zunehmend verschwinden würde.

Der scheinbar stabile Schein, so ließen sich die damaligen Thesen zusammenfassen, würde trügen. Eine schleichende Entkernung des politischen Prozesses würde auch die demokratische Idee normativ aushöhlen.

Mittlerweile sind wir im Diskurs mindestens eine Umdrehung weiter. Und das Buch der Stunde heißt „How Democracies Die“. Geschrieben haben es die Harvard-Politologen Steven Levitsky und Daniel Ziblatt im Lichte des aufsteigenden Populismus in den USA und der Präsidentschaft Donald Trumps. Sie bekräftigen den alten Befund der Forschung zur Bedeutung der politischen Kultur, dass es nicht reiche, starke Institutionen und Verfahren zu implementieren, sondern dass Demokratie immer auch auf konkreten Voraussetzungen im Denken und Handeln ihrer Bürgerinnen und Bürger beruhe, auf Voraussetzungen also, die sie, frei nach Ernst-Wolfgang Böckenförde, nicht selber schaffen könne.

Levitsky und Ziblatt nennen zwei solcher „guardrails of democracy“: erstens die wechselseitige Anerkennung des anderen als berechtigte Alternative zur eigenen Vorstellungswelt und zweitens die Bereitschaft, nicht jedes theoretisch vorhandene individuelle Recht auch praktisch bis zum bitteren Ende zu beanspruchen. In den USA ließe sich beobachten, dass beides schon länger nicht mehr gewährleistet sei – und auch aus diesem Grund ein im Kern die Demokratie verachtender Populist ins Weiße Haus gewählt worden sei.

Dass Demokratien fragile Gebilde sind, zeigen Beispiele, die die Politikwissenschaft immer wieder zusammengestellt hat. Wir dürfen sie niemals als abgeschlossen errungen betrachten, sondern müssen uns jeden Tag aufs Neue darum kümmern, dass die Voraussetzungen ihres Gelingens, oder vielleicht auch nur ihres Nicht-Scheiterns, gewährleistet sind.

Demokratien sind eng verbunden mit offenen Gesellschaften, in denen es eben keine abschließenden Wahrheiten mehr gibt, sondern lediglich einen normativen Rahmen, auf den sich die offene Gesellschaft zur Sicherung ihrer Freiheit und zur Regelung ihrer allgemeinen Angelegenheit verständigt.

Wenn wir heute über Zusammenhalt und Zusammenhang einer vielfältigen Gesellschaft reden, dann gelingen diese letztlich nur noch prozedural und nicht inhaltlich. Und natürlich ist es schwer, Leidenschaft für Verfahren zu entfachen – vor allem in Zeiten, die offensichtlich so sehr nach öffentlich zur Schau gestellten Gefühlen dürsten. Aber es ist unerlässlich, wenn wir dauerhaft Begeisterung für die Idee und die Praxis der Demokratie sichern wollen. Und es ist möglich…

Meine Damen und Herren,

ein Weg, diese Begeisterung zu entfachen, ist natürlich der Rückblick auf die „Geburtsstunde der deutschen Demokratie“, wie Friedrich Ebert es am 22. Oktober 1918 im Reichstag nannte.

Diesem Zweck dient das Gedenkprogramm, das der Hamburger Senat für die Revolutionsjahre 1918 und 1919 organisiert. Unter anderem mit der Ausstellung „Revolution! Revolution?“ im Museum für Hamburgische Geschichte, die noch bis 25. Februar 2019 zu sehen ist, mit Projekten wie „Hamburg Memory“, bei dem Kinder und Jugendliche das Thema kreativ umsetzen, mit dem Stück des Theaters Axensprung über die historischen Ereignisse von 1918/1919 sowie mit vielen wissenschaftlichen Angeboten, wie z.B. einer Ringvorlesung an der Universität Hamburg. Hier reiht sich Ihre Konferenz anlässlich des 100. Geburtstags von Walter Grab ganz wunderbar ein.

Vor 100 Jahren brach die deutsche Gesellschaft erstmals tatsächlich in die Demokratie auf. Und musste schon 15 Jahre später erfahren, wie verletzlich und zerbrechlich diese große Idee ist, dass mit gleichen Rechten ausgestattete Bürgerinnen und Bürger gemeinsam die res publica organisieren und mit Leben füllen.

Doch die Jahre 1918 und 1919 waren Jahre des Aufbruchs und der Zuversicht. Sie sind verbunden mit vielen bedeutenden Ereignissen der Geschichte Hamburgs: den ersten freien Wahlen der Hamburgischen Bürgerschaft, der Einführung des Frauenwahlrechts, der Gründung der Universität und der Öffentlichen Bücherhallen – um nur einige Beispiele zu nennen.

Das Revolutionsjahr 1918/1919 markiert eine entscheidende Zeitenwende in der deutschen und europäischen Geschichte. Durch die ersten Schritte zur Demokratisierung von Staat und Gesellschaft eröffnete sich breiten Bevölkerungsschichten die Chance zur Beteiligung an demokratischen Prozessen, zu Bildungsgerechtigkeit und zur Teilhabe an Kunst und Kultur.

Und natürlich war 1918 „ein Meilenstein der deutschen Demokratiegeschichte", wie es Bundespräsident Frank Walter Steinmeier kürzlich treffend beschrieb.

Mit Ihrer Tagung machen Sie den Blick frei für eine engagierte Tiefenbohrung im demokratiepolitischen und demokratiehistorischen Diskurs.

Schließlich ist die Demokratie ja 1918 nicht vom Himmel gefallen – genauso wenig wie 1933 die Nazis –, sondern sie hat eine ideengeschichtliche und politikpraktische Vorgeschichte, mit der sich Walter Grab als Historiker zeitlebens intensiv auseinandergesetzt hat.

Vielen Dank den Organisatorinnen und Organisatoren der Universität Hamburg, dem Institut für die Geschichte der deutschen Juden, der Stiftung Europakolleg, dem Leo Baeck Institut und der Hamburgischen Wissenschaftlichen Stiftung.

Und herzlichen Dank auch an Paul Nemitz, der diese Konferenz initiiert hat.

Ich danke besonders auch Frau Professor Rürup und Herrn Professor Hatje, die hier mit viel Engagement ermöglicht haben, dass wir an einen Historiker erinnern, dessen Lebensweg nicht nur für sich genommen bemerkenswert war, sondern der diese persönlichen Erfahrungen auch in seiner akademischen Arbeit verarbeitet und daraus Identität stiftende Erkenntnisse gewonnen hat.

Meine Damen und Herren,

es entspricht der Forschungsperspektive Walter Grabs, Demokratiegeschichte entlang von Biographien zu erzählen. Insofern liegt es nahe, diese

Perspektive auch auf sein Werk und Wirken anzuwenden. Und genau das tut Ihre Tagung.

Walter Grab wurde am 17. Februar 1919, fast auf den Tag genau vor 100 Jahren in Wien geboren. Eine Woche, nachdem in Deutschland die erste Nationalversammlung der Weimarer Republik zusammentrat, und nur einen Tag nach den ersten freien und gleichen Wahlen in Wien. Er wurde hineingeboren in eine Zeit, in der sich Deutschland anschickte, eine gesellschaftliche Modernisierung nachzuholen, die andernorts im vorangegangenen Jahrhundert schon deutlich weiter getrieben worden war. Entwicklungen, die Walter Grabs Denken nachhaltig formten.

Es wurde Grabs Lebensaufgabe, sich der Ideengeschichte der Demokratie und den Idealen Europas zu widmen.

In seiner Forschung ging Walter Grab vor allem den Lebenswegen, Ideen und politischen Aktivitäten deutscher Demokraten nach, die „im Zeitalter zwischen der französischen Revolution und der Reichsgründung die politische Zersplitterung Deutschlands beseitigen und einen einheitlichen republikanischen Rechts- und Verfassungsstaat begründen wollten".

Er beschäftigte sich also nicht in erster Linie mit der Revolution 1918/19, sondern ging noch weiter zurück – zu den ersten Demokraten des jungen Deutschlands, den Revolutionären des späten 18. und frühen 19. Jahrhunderts, des Vormärz und des Jahres 1848. Er wollte den „Vorkämpfern des politischen Fortschritts, die unverdienter Vergessenheit anheimgefallen sind" ein würdiges Gedenken setzen.

So ist es Walter Grab zu verdanken, dass wir überhaupt von den deutschen Jakobinern erfahren haben, einer radikalen Gruppe deutscher Revolutionäre, angelehnt an ihr gleichnamiges französisches Vorbild.

Möglich war das, weil ihm – Jahre nach der Flucht ins damalige Palästina und nach langen Zeiten außerhalb des akademischen Lebens – ein Stipendium der Friedrich-Ebert-Stiftung den Weg zurück nach Europa ebenso eröffnete wie das Studium der Geschichte in Hamburg. Exakt an diesem Ort – hier im Hamburger Rathaus befand sich damals das Hamburger Staatsarchiv – fand Grab bei einem Nachforschungsauftrag seines Doktorvaters Fritz Fischer zu seiner eigenen Überraschung ein Gedicht der Sansculotte – der deutschen Jakobiner. Und damit auch sein Lebensthema.

Auch später, als Gründer des ersten Instituts für deutsche Geschichte in Israel, sollte ihn diese Frage nach dem Engagement der Menschen, der Demokraten, für die Demokratie, nicht loslassen.

Sein Hauptwerk „Zur Geschichte der deutschen Jakobiner" überschrieb er in 1980er Jahren programmatisch mit einem Zitat des deutschen Jakobiners Georg Friedrich Rebmann von 1798: „Ein Volk muss sich seine Freiheit selbst erobern, nicht zum Geschenk erhalten". Diesen Satz und mehr noch seinen Sinn dem Vergessen zu entreißen, ist gerade in unseren Tagen eine wichtige Aufgabe. Denn natürlich gilt er in gleicher Weise auch für die Sicherung der bereits eroberten Freiheit.

Es ist Willy Brandt gewesen, der diese frühe demokratiepolitische Einsicht 1992 in unsere Zeit übertragen hat: „Nichts kommt von selbst. Und nur wenig ist von Dauer. Darum – besinnt Euch auf Eure Kraft und darauf, dass jede Zeit eigene Antworten will und man auf ihrer Höhe zu sein hat, wenn Gutes bewirkt werden soll."

Daraus folgt der Schluss, dass Demokratie keine Selbstverständlichkeit ist, sondern immer wieder erkämpft und weiterentwickelt werden muss. Demokratie ist eben nicht bloß eine Staatsform, in der Rechtsstaat und Volkssouveränität zusammenkommen, sondern ein deutlich tiefer gehendes Organisationsprinzip des Zusammenlebens. Es verlangt nach Mündigkeit, Selbstbestimmung, Teilhabe und Verantwortungsbereitschaft in allen Bereichen des gesellschaftlichen Miteinanders. Es verändert das Gespräch in der Familie genauso wie die Zusammenarbeit über die Grenzen der Nationalstaaten hinweg. Und natürlich führt es dazu, dass neue politische Räume und Institutionen entstehen, in denen es sich Ausdruck verleiht.

Die Europäische Union und ihre Freiheits- und Friedensgeschichte ist ein herausragendes Beispiel dafür, wie Demokratie auch jenseits des Nationalstaats eine Form finden kann. Wir sind nicht erst seit dem Brexit aufgefordert sicherzustellen, dass diese Errungenschaft gewahrt bleibt, sondern wir müssen uns darum kümmern, dass der noch nicht abgeschlossene Demokratisierungsprozess Europas weiter vorangetrieben wird.

Die Europawahl im Mai dieses Jahres ist dafür eine vorzügliche Gelegenheit. Auch Europa wird uns nicht geschenkt, sondern muss demokratisch erobert werden.

Das gelingt nur mit konkreter Politik und im praktischen Austausch.

Die Arbeiten Walter Grabs – zu den deutschen Jakobinern ebenso wie zu politisch engagierten Künstlern wie Heinrich Heine – mögen uns vielleicht einen Weg weisen, in dem sie im Sinne einer spezifischen historischen Erzählweise, die Friedrich Nietzsche einmal die „monumentalistische" genannt hat, den Blick frei machen auf die beispielhafte Kraft, die individueller Mut und individuelles Handeln entfesseln können.

Die aufgeklärte Eigenverantwortung des Individuums – im Sinne der Kant'schen Aufklärung also sein Ausgang aus der selbstverschuldeten Unmündigkeit – ist der normative Kern der Demokratie. Deshalb muss sich unser Blick heute auch darauf richten, was wir als je Einzelne tun können, um die Demokratien in unseren Gesellschaften und in Europa zu sichern und auszubauen. Das lässt sich nicht delegieren.

Diese Betonung der individuellen Freiheit führt aber nur dann zu demokratischen Strukturen, wenn sie in Gemeinschaft gelebt wird. Es ist unsere dialektisch zu verstehende Aufgabe, in offenen Strukturen durch die Freiheit hindurch zu einer jeweils neu begründeten Gesellschaftlichkeit zu gelangen, die Demokratie ermöglicht. Dazu drei kurze Beobachtungen:

1) Ein Demokratiedilemma der EU wird oft konstruiert, indem das demokratische Prinzip der Repräsentation verworfen wird. Wir wissen aber, dass komplexe Gesellschaften kluge Mechanismen der Bündelung von Verantwortung und Entscheidungskompetenz brauchen, um sachlich vernünftige Entscheidungen treffen zu können. Nicht jede epistemische Frage gehört in den oft unberechenbaren Raum öffentlicher Gefühlspolitiken.

Rufe nach mehr Partizipation sind ein klares Signal für demokratisches Interesse. Sie dürfen aber nicht dazu führen, dass sich politische Institutionen aus der Verantwortung stehlen und den Teilhabeverzerrungen Raum geben, die bislang regelmäßig empirisch nachgewiesen werden, weil es in unseren Gesellschaften natürlich eine sehr unterschiedliche Verteilung des sozialen und kulturellen Kapitals gibt, das für erfolgreiche Partizipation notwendig ist.

2) Einer in die Singularität gesteigerten Individualisierung leisten digitale Kommunikationsmedien aktuell erheblichen Vorschub. Auf den zur Verfügung stehenden Plattformen kann jede Meinung und jede Extravaganz öffentlich geäußert werden. Das ist ein unglaublich positiver Freiheitsgewinn. Allerdings führt er zunächst nur zu einem bezuglosen Nebeneinander von Meinungen. Was fehlt, ist die diskursive Vernetzung, aus der heraus wieder die orientierende Vorstellung eines gemeinsam erarbeiteten Gemeinwohls entstehen kann.

3) In Europa wird es entscheidend sein, eine kluge Mischung aus epistemischer Kompetenz in den supranationalen Organisationsstrukturen und dezentralen diskursiven Foren in den nationalstaatlich verfassten Öffentlichkeiten zu finden.

Dass eine europäische Öffentlichkeit entsteht, die den Kontinent umspannt, ist aktuell nicht abzusehen, vielleicht aber auch gar nicht notwendig. Wichtiger scheint mir, dass die je große nationale Bedeutung Europas in den einzelnen Öffentlichkeiten sichtbar und diskutierbar wird – und dass Qualitätsmedien für eine horizontale Vernetzung zwischen diesen Foren sorgen.

Eine diskursive Havarie wie das Brexit-Vote in UK darf Europa nie wieder passieren. Hier sind zum einen innerparteiliche Händel auf dem Rücken einer Nation und eines Kontinents ausgetragen worden. Zum anderen hat sich aber auch gezeigt, dass es keine plausible, intuitive europäische Geschichte gab, die dem eindringlichen Werben für mehr nationalstaatliche Autonomie entgegengesetzt werden konnte. Daran müssen wir in Zukunft arbeiten.

Meine Damen und Herren,

auch hier kann die Arbeit von Walter Grab in ihrer spezifischen Kontur hilfreich sein, weil sie uns Beispiele des Gelingens und des Scheiterns vor Augen führt.

Der Historiker Jörn Rüsen spricht in seiner Typologie von einem exemplarischen historischen Erzählen, das nicht nur in der Aufklärung die Geschichtsbetrachtung prägte, sondern in vielen Kulturen der Welt angewendet wird, um positive wie negative Vorbilder aus der Vergangenheit für die Gegenwart aufzuschließen.

Grabs Werk folgt diesem exemplarischen Stil, in dem er Biographien aufschließt und uns Auskunft über die Leben, Motivation und Wirkung demokratischer Persönlichkeiten in undemokratischen Zeiten vermittelt. In seinen Skizzen können wir darüber hinaus ein ums andere Mal auch heute noch lernen, welche Bedeutung kulturelle Zusammenhänge für den demokratischen Prozess haben. Im unmittelbaren Sinne einer entgegenkommenden politischen Kultur, wie sie sich in Deutschland letztlich – und ausweislich der Forschung von Almond und Verba – erst in den späten 1960er Jahren ausgeprägt hat. Aber auch im mittelbaren Sinne, der diskursprägenden und bisweilen hegemonialen idealistischen Erzählungen, die in der Kunst entstehen und die unser Engagement im Alltag prägen. Wir stehen vor der Aufgabe, auch diese Ressourcen demokratisch nutzbar zu machen.

Ich freue mich deshalb sehr, den nachfolgenden Redner Professor Dan Diner zu hören, selbst einmal Leiter des Instituts für deutsche Geschichte in Tel Aviv, der sich mit der europäischen Geschichte beschäftigt und uns nochmal eindrücklich das Wirken Walter Grabs und die Krise der Demokratie in Europa erläutern wird.

Für die nächsten Tage wünsche ich Ihnen interessante und begeisternde Gespräche und Debatten, eine wieder erwachte Leidenschaft für die Idee und die Praxis der Demokratie und die Bereitschaft, diese Leidenschaft in unsere öffentliche Debatte zu tragen.

Wir brauchen sie.

Schönen Dank.

Inhalt

Der etwas andere Doktorand
Walter Grab an der Universität Hamburg 1962 bis 1965

Rainer Nicolaysen, Hamburg[*]

I. Prolog

Als Walter Grab im Oktober 1962 zum Promovieren nach Hamburg kam, befand er sich an einem lang ersehnten Wendepunkt seiner Biographie, für den er alles auf eine Karte gesetzt hatte. Ausgestattet mit einem Stipendium der Friedrich-Ebert-Stiftung, wollte der 43-Jährige zügig eine Doktorarbeit in deutscher Geschichte schreiben, um anschließend nach Israel zurückzukehren und, mit etwa zwei Jahrzehnten Verzögerung, doch noch eine Laufbahn als Wissenschaftler einzuschlagen. Sein Lederwarengeschäft in Tel Aviv hatte er hierfür aufgegeben und die temporäre räumliche Trennung von seiner Ehefrau Alice und den beiden 16 und 13 Jahre alten Kindern Alexander und Maja in Kauf genommen. Bei Kunden und Geschäftsfreunden war er mit dem Entschluss, sein Berufsleben grundlegend zu ändern, auf „totalen Unglauben" gestoßen:[1] Warum entschied sich ein Ladeninhaber und Grossist für Taschen, ein Familienvater in fortgeschrittenem Alter, für das Wagnis und die Vagheit eines geisteswissenschaftlichen Studiums – und das ausgerechnet in Deutschland?

Dorthin war der gebürtige Wiener im Jahre 1960 zum ersten Mal in seinem Leben gereist, fünfzehn Jahre nach dem Holocaust, nach der Ermordung seines Bruders Willy und elf weiterer Mitglieder der Familie Grab. Im Rahmen einer Europa-Reise hatte er Freunde und Bekannte in Frankfurt am Main, Köln und Düsseldorf besucht und sich auch die neue Kölner Synagoge zeigen lassen, die im Zuge der antisemitischen Welle Weihnachten 1959 mit Hakenkreuzen beschmiert worden war.[2] Zwei Jahre später ließ sich Walter Grab auf einen längerfristigen Aufenthalt in der Bundesrepublik ein.

---

* Prof. Dr. Rainer Nicolaysen ist Leiter der Arbeitsstelle für Universitätsgeschichte an der Universität Hamburg.

1 Walter Grab: Meine vier Leben. Gedächtniskünstler – Emigrant – Jakobinerforscher – Demokrat. Köln 1999, S. 155.

2 Vgl. ebd., S. 146–148.

In Hamburg war er nie zuvor gewesen; den Studienort hatte er wegen seines Doktorvaters Fritz Fischer gewählt, den er allerdings noch gar nicht persönlich kannte. Abgesprochen war auch noch nicht das Thema der Dissertation, die nun in einem knapp bemessenen Zeitraum zu schreiben war. Unzweifelhaft war freilich Grabs Entschluss, das Promotionsstipendium als Sprungbrett für eine späte akademische Karriere zu nutzen. Er sah darin seine große, in dieser Hinsicht aber auch letzte Chance. Dass Walter Grab schon ein Jahrzehnt später ein international bekannter Historiker, Autor zahlreicher Veröffentlichungen und Gründungsdirektor eines Instituts für deutsche Geschichte an der Universität Tel Aviv sein würde,[3] das allerdings wäre bei seiner Ankunft in Hamburg eine nicht gerade wahrscheinliche Prognose gewesen.

Im Folgenden sollen Grabs Promotionszeit in Hamburg 1962 bis 1965 und seine späteren Verbindungen in die Hansestadt in einigen Facetten beleuchtet werden: die Umstände, unter denen Grab nach Hamburg kam und hier studierte, sein damaliges Umfeld, seine Themenfindung und die Veröffentlichung seiner Dissertation über frühe demokratische Strömungen in Norddeutschland – Grabs erste Buchpublikation – in einer Schriftenreihe des Vereins für Hamburgische Geschichte.[4] Neben mehreren Selbstzeugnissen, vor allem seiner 1999 erschienenen Autobiographie „Meine vier Leben",[5] wurden dafür Dokumente aus dem Staatsarchiv

3 Zur Gründung des 1971 eröffneten Instituts: Iris Nachum: Es muss nicht immer Wiedergutmachung sein – Walter Grab und das Minerva Institut für deutsche Geschichte an der Universität Tel Aviv. In: „Die Deutschen" als die Anderen. Deutschland in der Imagination seiner Nachbarn. Hg. von José Brunner und Iris Nachum (= Tel Aviver Jahrbuch für deutsche Geschichte 40 [2012]). Göttingen 2012, S. 237–275.

4 Walter Grab: Demokratische Strömungen in Hamburg und Schleswig-Holstein zur Zeit der ersten französischen Republik (Veröffentlichungen des Vereins für Hamburgische Geschichte, Bd. 21). Hamburg 1966.

5 Grab: Meine vier Leben (wie Anm. 1); vgl. als weitere (ähnliche) Selbstzeugnisse das Gespräch mit Walter Grab: Nicht aus Zionismus, sondern aus Österreich. In: Hajo Funke: Die andere Erinnerung. Gespräche mit jüdischen Wissenschaftlern im Exil. Unter Mitarbeit von Hans-Hinrich Harbort. Frankfurt a. M. 1989, S. 115–148; Walter Grab: Jessas, der Herr Grab is zruckkumma! In: Ich stamme aus Wien. Lebenserinnerungen vertriebener Juden (= Wiener Journal [Dezember 2000 – Januar 2001]), S. IV-VII; ders.: Lebensweg und Forschungsergebnisse. Eine autobiographische Skizze. In: Lars Lambrecht (Hg.): Junghegelianismus als antifaschistisches Forschungsprogramm (Forschungen zum Junghegelianismus, Bd. 10). Frankfurt a. M. u. a. 2003, S. 115–146; zur Biographie vgl. zudem die Einträge in: Biographisches Handbuch der deutschsprachigen Emigration nach 1933, Bd. II/1. München u. a. 1983, S. 407 f.; Handbuch österreichischer Autorinnen und Autoren jü-

Hamburg, dem Archiv der sozialen Demokratie in Bonn, dem Walter Grab-Nachlass in der National Library of Israel in Jerusalem, dem Archiv der Universität Tel Aviv und dem Fritz Fischer-Nachlass im Bundesarchiv Koblenz herangezogen.[6] Der rote Faden der folgenden Darstellung ist die Frage nach den Erfahrungen eines emigrierten, dezidiert linken, jüdischen Historikers aus Israel, eines mehrfachen Außenseiters, in der Bundesrepublik der frühen und mittleren 1960er Jahre, die noch immer geprägt waren von personellen Kontinuitäten aus der NS-Zeit – im öffentlichen Leben wie nicht zuletzt an den Universitäten.

II. Der Weg zum Promotionsvorhaben und die Entscheidung für Hamburg

Walter Grabs akademischer Werdegang begann nach dem Abitur, als er im Wintersemester 1937/38 an der Wiener Universität nicht sein Wunschstudium der deutschen Literaturgeschichte, sondern auf Geheiß seines Onkels ein Jura-Studium aufnahm.[7] Nach dem „Anschluss" Österreichs war er bald, im Juni 1938, nach Palästina geflüchtet und hatte auf diese Weise sein Leben retten können. In Jerusalem bei Verwandten untergekommen, studierte er im Wintersemester 1938/39 an der Hebräischen Universität Geschichte, Anglistik und Politische Philosophie. Doch auch dieses Studium endete nach einem Semester – mit der Ankunft der Eltern in Palästina

---

discher Herkunft 18. bis 20. Jahrhundert, Bd. 1. München 2002, S. 452; Österreichische Geschichtswissenschaft im 20. Jahrhundert. Ein biographisch-bibliographisches Lexikon. Wien/Köln/Weimar 2006, S. 148 f.; sowie ausführlicher Arno Herzig: Grab, Walter. In: Hamburgische Biografie. Personenlexikon. Hg. von Franklin Kopitzsch und Dirk Brietzke, Bd. 3. Göttingen 2006, S. 140 f.; unter den Nachrufen vgl. etwa Rudolf Walther: Die Spur der Jakobiner. Der Historiker Walter Grab ist gestorben. In: Frankfurter Rundschau vom 21.12.2000, S. 19; Andreas Platthaus: Brückenbau. Zum Tod des israelischen Historikers Walter Grab. In: Frankfurter Allgemeine Zeitung vom 23.12.2000, S. 46; Benedikt Erenz: Walter Grab. In: Die Zeit vom 28.12.2000, S. 52; ausführlich: Dan Diner: Weder Heimat noch Exil – Walter Grab zum Gedenken. In: Tel Aviver Jahrbuch für deutsche Geschichte 30 (2002), S. 361–368; ferner das Kapitel „Jakobinismus, Demokratie und Arbeiterbewegung: Walter Grab (1919–2000)". In: Mario Keßler: Grenzgänger des Kommunismus. Zwölf Porträts aus dem Jahrhundert der Katastrophen. Berlin 2015, S. 263–282.

6 Hinzu kommen meine Korrespondenz mit Walter Grab aus den 1990er Jahren und die Gespräche, die ich damals vor allem im Zusammenhang mit meiner Dissertation über Siegfried Landshut am 23.10.1991 in Hamburg mit ihm und am 8.7.1993 in Tel Aviv mit ihm und seiner Frau Alice geführt habe.

7 Grab: Meine vier Leben (wie Anm. 1), S. 46.

im März 1939 und der Notwendigkeit, sich gemeinsam eine materielle Existenzgrundlage zu schaffen. Grab hat später von einem sozialen Sturz der Familie nach der Emigration gesprochen, von einem „Verproletarisierungsprozess“,[8] und berichtet, wie das Geschäft erst sehr allmählich von der unzulänglichen Eigenherstellung erster Taschen schließlich zum Großhandel ausgebaut werden konnte.

Als Kaufmann empfand Grab allerdings, dass er nicht sein eigenes Leben, sondern das eines anderen Menschen, eben dasjenige eines Tel Aviver Taschenhändlers, führe: „Ich wusste, dass ich im falschen Land lebte und den falschen Beruf hatte, war mir aber nicht klar, wie ich diesen Zustand ändern konnte“,[9] schilderte er rückblickend seine Situation um die Mitte der 1950er Jahre. Den Gedanken an eine dauerhafte Rückkehr nach Wien verwarf er bei einem ersten Nachkriegsbesuch 1956 und wusste umso mehr, dass er nicht unbedingt den Wohnort, wohl aber den Beruf wechseln und zu seinen historischen und literarischen Interessen zurückkehren musste. Wie dies umgesetzt werden könnte, ohne die Existenz seiner Familie aufs Spiel zu setzen, war ihm indes „völlig schleierhaft“.[10]

Auf welchen Umwegen und über welche bürokratischen Hürden hinweg Walter Grab schließlich ab dem Wintersemester 1958/59 an der kurz zuvor gegründeten Universität in Tel Aviv Geschichte und Philosophie studierte und drei Jahre lang ein Doppelleben als Geschäftsmann am Tag und als Student am Abend führte, ist ebenfalls in Grabs Autobiographie nachzulesen.[11] An der Universität lernte er als akademische Lehrer seine späteren Kollegen, den Althistoriker Zvi Javetz und den Neuzeithistoriker Charles Bloch, kennen, die – beide jünger als ihr Student – sehr rasch die besonderen Fähigkeiten des ambitionierten Walter Grab erkannten. Schon vor dessen Bachelor-Abschluss 1961 gab es Überlegungen, ihn beim Ausbau des Fachbereichs Geschichte als Hochschullehrer zu berücksichtigen. Dafür sollte er sich mit einer Promotion über ein Thema der deutschen Geschichte des 18. oder der ersten Hälfte des 19. Jahrhunderts überdurchschnittlich qualifizieren, da die Tel Aviver Universität für diesen Bereich noch keine geeigneten Lehrenden besaß. Javetz und Bloch rieten Grab seiner Schilderung zufolge zu einer „gediegene[n] Dissertation, die publiziert werden müsse und mir internationale Beachtung eintragen werde“. Dazu müsse er „Archivquellen benutzen und womöglich bisher unbekannte

8 Ebd., S. 71.
9 Grab: Jessas (wie Anm. 5), S. V.
10 Grab: Meine vier Leben (wie Anm. 1), S. 131.
11 Vgl. ebd., S. 138–145.

Tatsachen zu Tage fördern". „In Israel", so Grab, „existierten für diese Epoche keine Archivquellen."[12] Die Doktorarbeit konnte demnach nur in Deutschland geschrieben und sollte an einer deutschen Universität eingereicht werden.

Zu klären waren noch die entscheidende Frage der Finanzierung und überhaupt die Wahl des Themas wie des Doktorvaters. Über den Sozialdemokraten Jakob Moneta, damals Sozialreferent in der bundesdeutschen Botschaft in Paris und designierter Chefredakteur der IG Metall-Zeitung „Metall", war es Grab gelungen, Kontakt zur SPD-nahen Friedrich-Ebert-Stiftung aufzunehmen. Grab war Moneta, der 1933 nach Palästina emigriert und 1948 nach Deutschland zurückgekehrt war, erstmals 1960 begegnet, als er ihn, den engsten Freund seines Schwagers Paul Ehrlich, bei einem Paris-Aufenthalt aufgesucht hatte.[13] Von Moneta eingefädelt, stellte Grab am 6. November 1961 einen Stipendienantrag bei der Friedrich-Ebert-Stiftung in Bonn und gab als „Spezialfrage", mit der er sich besonders beschäftige, „Deutsche Politische und Geistesgeschichte des 19. Jh." an.[14] Wenige Tage später folgten Empfehlungsschreiben von Bloch und Javetz; beide betonten, Grab sei der beste Student, den sie je gehabt hätten. Bloch erklärte, die Tel Aviver Universität plane, Grab als Dozenten für moderne Geschichte oder für Literatur anzustellen, sobald dieser promoviert worden sei, und Javetz sprach sogar vom Angebot eines Lehrstuhls, sofern eine Doktorarbeit vorliege.[15] Grab selbst legte im November 1961 noch einmal gegenüber der Stiftung nach: Sein Dissertationsprojekt wolle er höchst zügig durchführen, nämlich im Herbst 1962 beginnen und bis zum Sommer 1964 abschließen. Als mögliche Studienorte gab er Hamburg und Frankfurt am Main an.[16] Zu diesem Zeitpunkt ging Grab noch davon aus, gemeinsam mit seiner Familie in die Bundesrepublik zu kommen, was in der Stiftung allerdings erhebliche Bedenken hervorrief. In seinem Empfehlungsbrief hatte Bloch entsprechend betont: „Natürlich ist es uns klar, dass Ihre Stiftung nicht für den Unterhalt seiner Familie sorgen kann. Aber wir hoffen, dass eine jüdische Gemeinde vielleicht Erwerbsquellen finden

---

12 Ebd., S. 152.

13 Ebd., S. 148.

14 Archiv der sozialen Demokratie (AdsD) der Friedrich-Ebert-Stiftung, Bonn, Hausakten, Box 26963 (Walter Grab), Stipendienantrag Walter Grab vom 6.11.1961 [innerhalb der Box gibt es keine Blattzählung].

15 AdsD, Hausakten, Box 26963, Charles Bloch an Günter Grunwald am 10.11.1961 samt beiliegender Empfehlung; Zvi Javetz an Günter Grunwald am 12.11.1961.

16 AdsD, Hausakten, Box 26963, Walter Grab an die Friedrich-Ebert-Stiftung e.V. zur Förderung demokratischer Volkserziehung am 12.11.1961.

kann. Aus diesem Grunde denken wir an Frankfurt oder Hamburg, wo die grössten Gemeinden Westdeutschlands sein dürften."[17]

Anlässlich eines Israel-Besuchs im Dezember 1961 konnte sich ein Spitzentrio der Friedrich-Ebert-Stiftung – der stellvertretende Vorsitzende Alfred Nau, Geschäftsführer Günter Grunwald und Vorstandsmitglied Willi Eichler – selbst einen Eindruck vom Kandidaten verschaffen. Bei einem dreistündigen Treffen in der Tel Aviver Wohnung der Grabs, an dem auch Charles Bloch teilnahm, ging es um die israelische und die deutsche Politik sowie den Methodenwandel in der Geschichtswissenschaft.[18] Offenbar konnte Grab die Besucher von seinen Qualitäten überzeugen, während der geplante Familienumzug nach wie vor eine gewisse Reserviertheit erzeugte. Dass darin ein echtes Hindernis gesehen wurde, erfuhr Grab wiederum inoffiziell von Jakob Moneta. Rechtzeitig vor der entscheidenden Sitzung des zuständigen Stiftungsausschusses erklärte der Bewerber daraufhin in einem Brief an Grunwald am 4. Februar 1962, er habe sich nach reiflichem Überlegen entschlossen, ohne Familie nach Deutschland zu kommen: „Ich könnte dann zweifellos das Studium besser und schneller beenden, als wenn ich die Sorge um die Erhaltung meiner Familie hätte."[19] Moneta seinerseits appellierte an Grunwald: „Ich hoffe nun, nachdem es mir gelungen ist, Frau Grab davon zu überzeugen, daß dies der einzig mögliche Weg sei, daß Du das Stipendium für ihn durchsetzen kannst."[20]

Mit Schreiben vom 6. März 1962 erfuhr der angehende Doktorand, ihm werde – unter der Voraussetzung, dass seine Familie in Israel bleibe – durch ein Stipendium ein Studium in Deutschland bis zur Promotion, also ohne Terminbegrenzung, ermöglicht.[21] Die monatliche Zahlung in Höhe von 300 DM plus Büchergeld in Höhe von 50 DM sollte bei Grabs Ankunft einsetzen.[22] Da zu diesem Zeitpunkt noch nicht einmal das Thema der Dissertation feststand und auch die Frage des Betreuers erst geklärt werden musste, bedeutete die Zusage eines solchen Promotionsstipendiums einen ungewöhnlichen Vertrauensvorschuss von Seiten der Stiftung,

---

17 AdsD, Hausakten, Box 26963, Charles Bloch an Günter Grunwald am 10.11.1961.

18 Grab: Meine vier Leben (wie Anm. 1), S. 154.

19 AdsD, Hausakten, Box 26963, Walter Grab an Günter Grunwald am 4.2.1962.

20 AdsD, Hausakten, Box 26963, Jakob Moneta an Günter Grunwald, undatiert [Eingangsstempel vom 12.2.1962].

21 AdsD, Hausakten, Box 26963, Alfred Nau an Walter Grab am 6.3.1962; vgl. dazu Grabs Schilderung über den Empfang dieser sein Leben verändernden Zusage eine Woche später: Grab: Meine vier Leben (wie Anm. 1), S. 154.

22 Die monatlichen 300 DM wurden schon im Januar 1963, speziell für Grab, um 100 DM, im November 1963 für alle Stipendiaten um weitere 50 DM erhöht; dazu die Korrespondenz in: AdsD, Hausakten, Box 26963.

deren großzügige Entscheidung sich als Weichenstellung für Grabs Zukunft erwies.

Dass Grabs Weg dann ein halbes Jahr später zu Fritz Fischer nach Hamburg führte, ging auf die Anregung Charles Blochs zurück, der Fischer 1960 beim Internationalen Historikertag in Stockholm kennengelernt hatte.[23] Gegenüber der Friedrich-Ebert-Stiftung hatte Grab diesen Aspekt kurz vor deren Entscheidung als weiteren, wenn auch noch vagen Pluspunkt in Anschlag gebracht: „Mein Dozent Dr. Bloch [...] wird, sobald ich von Ihnen die zusagende Mitteilung bekomme, sich mit Professor Fischer in Hamburg in Verbindung setzen, den er persönlich kennt, damit ich bei der Festsetzung des Themas der Dissertation keine Zeit verliere und in zwei Jahren den Doktortitel erreichen kann."[24] Bei besagtem Historikertag in Stockholm hatte Fischer schon über seine Studien zur Kriegszielpolitik des kaiserlichen Deutschland 1914/18 berichtet, die im November 1961 in sein aufsehenerregendes Buch „Griff nach der Weltmacht"[25] mündeten und die „Fischer-Kontroverse" auslösten.[26] Bereits im Monat ihres Erscheinens wurde die quellengesättigte Detailstudie in den großen Feuilletons ausführlich besprochen;[27] der Name Fischer war in aller Munde, als Grab ihn als möglichen Doktorvater gegenüber der Friedrich-Ebert-Stiftung ins Spiel brachte.

Indem Fischer in seinem Buch erklärte, die deutsche Reichsleitung habe 1914 „einen erheblichen Teil der historischen Verantwortung für den Ausbruch des allgemeinen Krieges" getragen,[28] demontierte er den Mythos vom allseitigen, geradezu schicksalhaften „Hineinschlittern" in den Ersten Weltkrieg. Besondere Brisanz erhielt die Debatte um seine Thesen durch die Frage der Kontinuität deutschen Machtstrebens in der ersten Hälfte des 20. Jahrhunderts, denn wenn Politik und Mentalität bereits im Ersten Weltkrieg expansiv ausgerichtet, also vom aggressiven Willen

---

23 Grab: Meine vier Leben (wie Anm. 1), S. 155.

24 AdsD, Hausakten, Box 26963, Walter Grab an Günter Grunwald am 4.2.1962.

25 Fritz Fischer: Griff nach der Weltmacht. Die Kriegszielpolitik des kaiserlichen Deutschland 1914/18. Düsseldorf 1961.

26 Vgl. Konrad H. Jarausch: Der nationale Tabubruch. Wissenschaft, Öffentlichkeit und Politik in der Fischer-Kontroverse. In: Martin Sabrow/Ralph Jessen/Klaus Große Kracht (Hg.): Zeitgeschichte als Streitgeschichte. Große Kontroversen seit 1945. München 2003, S. 20–40; Rainer Nicolaysen: Rebell wider Willen? Fritz Fischer und die Geschichte eines nationalen Tabubruchs. In: ders./Axel Schildt (Hg.): 100 Jahre Geschichtswissenschaft in Hamburg (Hamburger Beiträge zur Wissenschaftsgeschichte, Bd. 18). Berlin/Hamburg 2011, S. 197–236.

27 Vgl. ebd., S. 230–234.

28 Fischer: Griff nach der Weltmacht (wie Anm. 25), S. 97.

zur Weltmacht und Hegemonie in Europa geprägt gewesen waren, ließen sich der Zweite Weltkrieg wie überhaupt die zwölf Jahre nationalsozialistischer Herrschaft nicht mehr als „Betriebsunfall“, als eine Art dämonischer Einbruch in eine ansonsten intakte Nationalgeschichte interpretieren. Im Gegenteil musste das „Dritte Reich“ vor dem neu skizzierten Hintergrund als Kulmination einer längeren, spätestens schon im Kaiserreich begonnenen problematischen Entwicklung Deutschlands verstanden werden.

Durch diese Auffassung legte sich Fischer mit der gesamten konservativ geprägten Historikerzunft an, der er nun als „Nestbeschmutzer“ galt, und genau dies prädestinierte ihn dafür, Walter Grabs Wunsch-Doktorvater zu werden, „denn ich wollte“, so Grab später, „keinesfalls bei einem Professor promovieren, der mit der deutschnationalen Ideologie auch nur im entferntesten zu tun hatte; zu Beginn der sechziger Jahre waren fast alle Lehrstühle entweder mit Konservativen oder ehemaligen Nazis besetzt“.[29] Unter den arrivierten deutschen Historikern schien ihm Fischer in dieser Hinsicht der Unverdächtigste zu sein, wobei Grab offenbar ignorierte, dass der Hamburger Ordinarius, Jahrgang 1908, seine gesamte akademische Karriere im „Dritten Reich“ bestritten hatte und schon insofern auch bei ihm – mindestens – erhebliche Zugeständnisse an das NS-Regime vermutet werden mussten.[30]

Während Fischer schon als Grabs künftiger Doktorvater gehandelt wurde, wusste dieser noch nichts von dem in Tel Aviv in den Startlöchern sitzenden Kandidaten. Als Bloch sich an ihn wandte, erklärte sich Fischer, der auch der Vertrauensdozent der Friedrich-Ebert-Stiftung an der Universität Hamburg war, im April 1962 aber sofort bereit, „Ihren jüngeren

29 Grab: Meine vier Leben (wie Anm. 1), S. 155. Die Frage nach der NS-Vergangenheit von Historikern wurde von der Geschichtswissenschaft erst Jahrzehnte später, ausgehend vom Frankfurter Historikertag 1998, in den Fokus gerückt; vgl. Versäumte Fragen. Deutsche Historiker im Schatten des Nationalsozialismus. Hg. von Rüdiger Hohls und Konrad H. Jarausch. Unter Mitarbeit von Torsten Bathmann, Jens Hacke, Julia Schäfer und Marcel Steinbach-Reimann. Stuttgart/München 2000; zur NS-Belastung des Hamburger Lehrkörpers insgesamt vgl. Anton F. Guhl: Wege aus dem „Dritten Reich“. Die Entnazifizierung der Hamburger Universität als ambivalente Nachgeschichte des Nationalsozialismus (Hamburger Beiträge zur Wissenschaftsgeschichte, Bd. 26). Göttingen 2019; zur Geschichte des Historischen Seminars in Hamburg zuletzt: Dirk Brietzke: Geschichtswissenschaft an der Hamburger Universität. Zur Geschichte des Historischen Seminars 1907 bis 1990. In: 100 Jahre Universität Hamburg. Studien zur Hamburger Universitäts- und Wissenschaftsgeschichte in vier Bänden. Hg. von Rainer Nicolaysen, Eckart Krause und Gunnar B. Zimmermann, Bd. 2: Geisteswissenschaften, Theologie, Psychologie. Göttingen 2021, S. 45–92.

30 Zu Fischers NS-Belastung siehe unten.

Kollegen hier in Hamburg zu fördern, wie immer ich es kann".[31] Fischer nahm also an, es handele sich um einen typischen Nachwuchswissenschaftler, und bemühte sich auch im Austausch mit Hamburger Kollegen darum, ein geeignetes Thema in der vorgegebenen Epoche zu finden, in der er selbst sich nicht genügend zu Hause fühlte. Auf Anregung seines Schülers Werner Jochmann, der die 1960 eingerichtete Forschungsstelle für die Geschichte des Nationalsozialismus in Hamburg leitete, schlug Fischer dann konkret ein Thema vor, „das ebenso viel aufregend Neues bringen kann, wie es auch für Sie und Herrn Grab doch eine ganz zentrale Frage sein muss: nämlich die Aufnahme von Gobineau in Deutschland".[32] Bei der Forschung über den französischen Diplomaten und rassistischen Schriftsteller des 19. Jahrhunderts würde Jochmann den Doktoranden beraten. Zudem versprach Fischer alles zu tun, um Grab innerhalb von zwei Jahren zum Promotionsabschluss zu bringen.[33]

III. Auf der Suche nach demokratischen Traditionsbeständen

Nachdem Grab sein Geschäft in Tel Aviv verkauft hatte und seine Familie dadurch eine finanzielle Grundlage für die kommenden zwei Jahre besaß, brach er im September 1962 nach Europa auf und traf nach See- und Landreise im Oktober in Hamburg ein. Dort bezog er ein Zimmer im Europa-Kolleg in Groß Flottbek, damals noch im Kalkreuthweg, wo er während seines gesamten Aufenthalts in Hamburg bis zum Juli 1965 wohnen sollte. Träger des 1955 eröffneten Studentenwohnheims war die zwei Jahre zuvor auf Initiative des damaligen Universitätsrektors, des Altphilologen Bruno Snell, gegründete Stiftung Europa-Kolleg mit ihrem programmatischen Anspruch, den europäischen Integrationsprozess durch akademische Lehre, interdisziplinäre Forschung und öffentlichkeitswirksa-

---

31 The National Library of Israel, Archives Department, Walter Grab Archive, Arc. 4* 1958 1 69, Fritz Fischer an Charles Bloch am 9.4.1962.

32 The National Library of Israel, Archives Department, Walter Grab Archive, Arc. 4* 1958 1 69, Fritz Fischer an Charles Bloch am 30.7.1962.

33 Fritz Fischer betreute insgesamt mehr als 100 Dissertationen; Walter Grabs Studie war schließlich die 53. bei Fischer abgeschlossene Doktorarbeit; vgl. die Liste in: Industrielle Gesellschaft und politisches System. Beiträge zur politischen Sozialgeschichte. Festschrift für Fritz Fischer zum siebzigsten Geburtstag. Hg. von Dirk Stegmann, Bernd-Jürgen Wendt und Peter-Christian Witt (Schriftenreihe des Forschungsinstituts der Friedrich-Ebert-Stiftung, Bd. 137). Bonn 1978, S. 453–461, hier S. 457.

me Veranstaltungen zu begleiten.[34] Mit seinen 98 Plätzen bot das Europa-Kolleg besonders qualifizierten in- und ausländischen Studierenden verschiedener Fachrichtungen die Möglichkeit, unter einem Dach zu leben, ein zusätzliches *studium generale* zu absolvieren und – so die Zielsetzung – sich auch politisch umfassend zu bilden. Gleich beim Einzug lernte Walter Grab den Vorstandsvorsitzenden der Stiftung Europa-Kolleg Hamburg und Protektor des Studentenwohnheims Bruno Snell und in ihm einen, wie Grab schreibt, „überzeugten Nazigegner" kennen.[35] Im Europa-Kolleg schloss Grab etliche, auch einige engere Freundschaften, die zum Teil über Jahrzehnte hielten; er musste sich allerdings auch eines Zimmernachbarn erwehren, der ihn mit antisemitischen Äußerungen traktierte.[36]

Walter Grabs erste Begegnung mit Fritz Fischer fand zu Beginn des Wintersemesters 1962/63 in dessen Büro statt. Hier übergab der Doktorand ein Empfehlungsschreiben von Charles Bloch, der Fischer ankündigte, er werde in Grab „einen Mann kennenlernen, der ausgezeichnete geschichtliche Kenntnisse und ein tiefes analytisches Verständnis habe". Zudem sprach sich Bloch gegen Fischers Vorschlag einer Dissertation über Arthur de Gobineau aus; seine Bedenken seien „rein zufälliger, persönlicher Natur", Grab werde sie ihm erläutern.[37] Als neues Thema gab jener nun an, er wolle den Ursachen des geistigen Wandels in der Epoche der Französischen Revolution nachgehen und dabei vor allem herausfinden, „weshalb sich das deutsche Volk im Gegensatz zum französischen nicht aus eigener Kraft von der ständischen Privilegienordnung befreit habe und warum die demokratischen Ideen von der politischen Gleichheit aller Menschen unterlegen seien".[38] Fischer akzeptierte das Thema und machte zugleich klar, dass er kein Experte für die Epoche der Französischen Revo-

34 Zur Geschichte des Kollegs vgl. Hans-Joachim Seeler: Wir bauen ein neues Europa! In: 50 Jahre Europa-Kolleg Hamburg 1953–2003. Hg. von der Stiftung Europa-Kolleg Hamburg. Hamburg [2003], S. 14–29.

35 Grab: Meine vier Leben (wie Anm. 1), S. 157; ausführlich und sehr positiv zu Snell („wir freundeten uns an") äußert sich Grab auch in einem Brief an den Verfasser vom 10.1.1993. Vgl. zu Snell und seiner oppositionellen Haltung in der NS-Zeit: Gerhard Lohse: Bruno Snell (1896–1986). In: John Michael Krois/Gerhard Lohse/Rainer Nicolaysen: Die Wissenschaftler Ernst Cassirer, Bruno Snell, Siegfried Landshut (Hamburgische Lebensbilder, Bd. 8). Hamburg 1994, S. 43–73; Rainer Nicolaysen: Snell, Bruno. In: Hamburgische Biografie (wie Anm. 5), Bd. 5. Göttingen 2010, S. 346–348.

36 Grab: Meine vier Leben (wie Anm. 1), S. 162 f.

37 Bundesarchiv Koblenz (BAK), N 1422/2, Charles Bloch an Fritz Fischer am 10.8.1962.

38 So erinnerte es Grab rückblickend: Meine vier Leben (wie Anm. 1), S. 158.

lution sei und seinen Doktoranden fachlich nicht beraten könne; er bot aber an, ihm alle Wege zu den einschlägigen Quellen zu ebnen. Ein Anruf beim Direktor des Staatsarchivs Hamburg Jürgen Bolland genügte. Nach Grabs Erinnerung informierte er Fischer fortan monatlich über seine Fortschritte. Fachlich, schließlich auch als Zweitgutachter wurde zudem der Romanistik-Ordinarius Hermann Tiemann hinzugezogen, der zugleich Direktor der Staats- und Universitätsbibliothek Hamburg war und selbst einschlägig, etwa zu „Hanseaten im revolutionären Paris“, geforscht hatte.[39]

Nach Grabs Schilderung seiner ersten Begegnung mit Fischer wurde er bei dieser Gelegenheit auch von der Information überrascht, für die Promotion nicht nur eine Dissertation vorlegen, sondern auch zwei Nebenfächer belegen zu müssen.[40] Diese studierte Grab dann auf Vorschlag seines Doktorvaters vor allem bei zwei Professoren, die für die Hamburger Ordinarien gerade nicht typisch waren. Im Fach Deutsche Literaturgeschichte und Allgemeine Literaturwissenschaft hörte er bei Karl Ludwig Schneider, der, im selben Jahr geboren wie Grab, als Student zu jenen Widerstandskreisen zählte, die später zusammenfassend als „Hamburger Weiße Rose“ bezeichnet wurden. Im November 1943 war Schneider wegen „Vorbereitung zum Hochverrat“ sowie weiterer „Delikte“ verhaftet worden und bis zum Kriegsende, unter anderem im Konzentrationslager Neuengamme, inhaftiert geblieben.[41] In seiner Autobiographie erwähnt Grab diesen Hintergrund Schneiders mit keinem Wort; womöglich war er ihm, zumindest in seiner Studentenzeit, gar nicht bekannt. Bei Schneider schrieb Grab eine Seminararbeit über die Novelle „Die Versuchung des Pescara“ von Conrad Ferdinand Meyer und eine weitere über Alfred Döblins „Berlin Alexanderplatz“, wobei er, bewusst von Schneiders textimmanenter Me-

---

39 Zu diesem Thema hielt Tiemann im Dezember 1962 einen Vortrag im Verein für Hamburgische Geschichte, die Druckfassung erschien im Jubiläumsband des Vereins anlässlich seines 125-jährigen Bestehens als: Hanseaten im revolutionären Paris (1789–1803). Skizzen zu einem Kapitel deutsch-französischer Beziehungen. In: Zeitschrift des Vereins für Hamburgische Geschichte 49/50 (1964), S. 109–146; vgl. auch Horst Gronemeyer: Tiemann, Hermann. In: Hamburgische Biografie (wie Anm. 5), Bd. 1. Hamburg 2001, S. 312.

40 Grab: Meine vier Leben (wie Anm. 1), S. 159.

41 Vgl. Hans Harald Müller/Joachim Schöberl: Karl Ludwig Schneider und die Hamburger „Weiße Rose“. Ein Beitrag zum Widerstand von Studenten im „Dritten Reich“. In: Hochschulalltag im „Dritten Reich“. Die Hamburger Universität 1933–1945. Hg. von Eckart Krause, Ludwig Huber und Holger Fischer. 3 Teile (Hamburger Beiträge zur Wissenschaftsgeschichte, Bd. 3). Berlin/Hamburg 1991, Teil 1, S. 423–437.

thode abweichend, gesellschaftliche und politische Zusammenhänge in den Vordergrund rückte.[42]

In seinem zweiten Nebenfach studierte Grab Politikwissenschaft bei Siegfried Landshut, der 1933 als Jude von der Hamburgischen Universität entlassen worden war und ein siebzehn Jahre währendes Exil in Ägypten, Palästina, wiederum Ägypten und Großbritannien hinter sich hatte, bevor er 1950/51 an jene Universität zurückkehrte, die ihn vertrieben hatte.[43] Um als jüdischer Remigrant nicht erneuter Ausgrenzung ausgesetzt zu sein, war Landshut mit Äußerungen zu seiner Vertreibungsgeschichte ausgesprochen zurückhaltend.[44] Sein Austausch mit Grab war in dieser Hinsicht eine Ausnahme, was auch dem Doktoranden aus Tel Aviv, wie dieser Jahrzehnte später schrieb, bewusst war: „Ich gehörte vermutlich zu den wenigen, denen er etwas von seinem Exil erzählte, weil er mich kennenlernen wollte, da ich ja im Alter von 43 Jahren zu ihm kam, um im Nebenfach zu promovieren. Er hörte meine Geschichte genau an und sagte, daß er an der Jerusalemer Uni und später im Kibbuz gewesen sei. Aber auch diese wenigen Sätze waren vornehm und zurückhaltend, ohne Eifer und Groll. Was hätte dieser Mann alles leisten können, wenn man ihn nicht vertrieben hätte!“[45] Laut Grabs Autobiographie schloss er mit Landshut Freundschaft. Seminararbeiten schrieb er bei ihm über Rousseau und Tocqueville.[46]

Im Zentrum von Grabs Hamburger Jahren stand naturgemäß die Recherche für die Dissertation, die bald etliches Neue zutage förderte. Im Staatsarchiv Hamburg, das sich damals noch im Rathaus befand, ließ ihm der seit 1960 amtierende Direktor Jürgen Bolland alle gewünschten Archivalien zur Verfügung stellen. Unangenehm berührte Grab allerdings, dass der drei Jahre jüngere Bolland gegenüber dem israelischen Doktoranden

42 Grab: Meine vier Leben (wie Anm. 1), S. 173 f., 181.

43 Rainer Nicolaysen: Siegfried Landshut. Die Wiederentdeckung der Politik. Eine Biographie. Frankfurt a. M. 1997; zusammenfassend ders.: Siegfried Landshut (1897–1968). In: Eckhard Jesse/Sebastian Liebold (Hg.): Deutsche Politikwissenschaftler – Werk und Wirkung. Von Abendroth bis Zellentin. Baden-Baden 2014, S. 463–476.

44 Zu den wenigen Remigranten an der Universität Hamburg vgl. Rainer Nicolaysen: Die Frage der Rückkehr. Zur Remigration Hamburger Hochschullehrer nach 1945. In: Zeitschrift des Vereins für Hamburgische Geschichte 94 (2008), S. 117–152.

45 Walter Grab an den Verfasser am 10.1.1993.

46 Grab: Meine vier Leben (wie Anm. 1), S. 159.

beteuerte, er habe die Juden, die er vor der NS-Zeit gekannt habe, für „hochanständige Menschen“ gehalten.[47]

Walter Grab muss sich, wie er es in seiner Autobiographie beschreibt,[48] sofort intensiv in die Archivarbeit gestürzt haben. Vom 18. November 1962, wenige Wochen nach seiner Ankunft in Hamburg, stammt die erste Gliederung seiner Arbeit, die er Fischer zuvor mündlich vorgetragen hatte.[49] Bald darauf berichtete jener dem Kollegen Bloch in Tel Aviv von den Entdeckungen seines Doktoranden: „Ihr Schüler Walter Grab ist mit großem Fleiß und Energie bei der Arbeit. Er hat das Glück gehabt, daß sich aus seinen allgemeinen Gedanken über Deutschland und die Französische Revolution durch glückliche Funde in noch nicht ausgeschöpften, ja zT kaum bekannten Zeitschriften ein engeres Thema herauskristallisierte (über die Jahre 1789 bis 1803, bis zu dem großen geistigen Umschlag oder Rückschlag, den er sehr scharf mit erstaunlichen Beobachtungen konstatieren konnte). Ich sehe es als meine Aufgabe an, ihn dabei festzuhalten, schon um des nächsten Zieles willen, der Promotion, und das heißt ja, eines in sich geschlossenen Buches, einer Forschungsarbeit auf einem begrenzten Feld. Daß es nicht archäologisch l'art pour l'art ist, sondern weitgreifende geistige Aspekte dahinterstehen, dafür sorgt schon das innere Interesse, die leidenschaftliche Teilnahme, das moralische und intellektuelle Temperament des Verfassers, der aber begriffen hat, daß er sich an dieser festumschriebenen Aufgabe bewähren muß.“[50]

Wie Grab als Forscher mit eigenem Blick und ausgeprägtem Spürsinn bis dahin weitgehend unbeachtete demokratische Strömungen in Deutschland zur Zeit der Französischen Revolution zu belegen vermochte, wie er mit dem „Niedersächsischen Merkur“ von 1792/93 die deutsche Jakobinerdichtung entdeckte und lang vergessene Demokraten wie Friedrich Wilhelm von Schütz und Heinrich Würzer wieder ins Bewusstsein holte, kann hier im Einzelnen nicht behandelt werden. Dabei war Grab vielleicht in manchem glückhaft, aber eben nicht zufällig auf frühe demokratische Traditionslinien in Deutschland gestoßen, und indem er sich mit dem Scheitern demokratischer Akteure beschäftigte, rückte er ganz bewusst

---

47 Ebd.

48 Ebd., S. 160.

49 Die Skizze schickte er auch an die Friedrich-Ebert-Stiftung, mit der er fortan in enger Fühlung blieb; AdsD, Hausakten, Box 26963, Walter Grab an Frl. Kästle am 18.11.1962 samt „Vorschlag zur Doktordissertation“.

50 BAK, N 1422/2, Fritz Fischer an Charles Bloch am 24.12.1962.

vergessene Verlierer der deutschen Geschichte in den Vordergrund.[51] Er selbst identifizierte sich mit diesen Außenseitern und befand sich damit, wie er Fischer Jahre später schrieb, „seit den deutschen Jakobinern, von denen ja auch viele zur Emigration gezwungen wurden, in guter Gesellschaft“.[52]

In der Folgezeit weitete Grab seine Archiv-Recherchen aus, arbeitete etwa im Deutschen Zentralarchiv in der DDR (im ehemaligen Preußischen Geheimen Staatsarchiv), und baute in kurzer Zeit in zahlreichen persönlichen Begegnungen und mit umfänglicher Korrespondenz ein eindrucksvolles Netzwerk wissenschaftlicher Kontakte vor allem in beiden deutschen Staaten, aber auch in Frankreich und anderen Ländern auf. Imanuel Geiss, Fischers Wissenschaftlicher Mitarbeiter in Grabs Hamburg-Zeit, sprach später im Vorwort zur Festschrift anlässlich des 60. Geburtstags von Grab 1979 von dessen „geradezu explodierende[r] Kontaktfreudigkeit und Kontaktfähigkeit“, mit der sich der Historiker trotz seiner Außenseiter- und Randposition in der Zunft ins Zentrum mehrerer Lebenskreise zu rücken vermochte, die sich in ihm überschnitten und die er miteinander verband.[53]

Ebenfalls schon in der Hamburger Zeit widmete sich Walter Grab einer für ihn typisch ausgiebigen Vortragstätigkeit zu historischen und literarischen Themen, die ihn noch an viele Orte in der Welt führen sollte. Bereits im Sommersemester 1963 hielt der Doktorand im Europa-Kolleg gegen Honorar sechs Vorträge über deutsche Literatur: über Heine, Kleist, Freiligrath, Lenau, Chamisso und Grillparzer.[54] In Hamburg fühlte sich Grab zudem dem engeren Kreis um Fritz Fischer zugehörig und reiste auch mit diesem und vielen weiteren „Fischer-Schülern“ 1964 zum Deutschen Historikertag nach West-Berlin,[55] auf dem die Fischer-Kontroverse zum 50. Jahrestag des Kriegsbeginns – medial intensiv befördert – ihren

51 Seinem zweiten Buch zum Thema stellte er dann 1967 ein Zitat Eduard Meyers voran: „Dem Besiegten gerecht zu werden, ist eine der schwierigsten Aufgaben, die dem Historiker gestellt sind.“ Walter Grab: Norddeutsche Jakobiner. Demokratische Bestrebungen zur Zeit der Französischen Revolution (Hamburger Studien zur neueren Geschichte, Bd. 8). Frankfurt a. M. 1967, S. [5]; dazu auch BAK, N 1422/9, Walter Grab an Fritz Fischer am 25.1.1966.

52 BAK, N 1422/14, Walter Grab an Fritz Fischer am 25.4.1973.

53 Imanuel Geiss: Walter Grab zum 60. Geburtstag. In: Revolution und Demokratie in Geschichte und Literatur. Zum 60. Geburtstag von Walter Grab. Hg. von Julius H. Schoeps und Imanuel Geiss unter Mitwirkung von Ludger Heid (Duisburger Hochschulbeiträge, Bd. 12). Duisburg 1979, S. 11–15, hier S. 11 f.

54 Grab: Meine vier Leben (wie Anm. 1), S. 169 f.

55 Vgl. ebd., S. 179.

Höhepunkt erreichte. Nochmals wurden die Thesen des Hamburger Historikers zur Kriegsschuldfrage von arrivierten Kollegen heftig angegriffen, von vielen jüngeren Historikern wie von ausländischen Kollegen hingegen ebenso vehement verteidigt.[56]

Im November 1964 gab Grab seine Arbeit bei Fischer ab;[57] im April 1965, nach fünf Semestern Studium in Hamburg, reichte er sie mit dem Titel „Demokratische Strömungen in Hamburg und Schleswig-Holstein zur Zeit der ersten französischen Republik“ offiziell als Dissertation an der Universität Hamburg ein. Aus seiner Studienzeit in Tel Aviv wurden ihm drei Semester angerechnet, sodass er auf die obligatorischen acht Semester Studiendauer kam.[58] Gehörig durcheinander brachte Grab die Bürokratie noch, indem er bezeichnenderweise auf das Deckblatt nicht „Walter Grab aus Wien“ schreiben wollte, also den Geburtsort, wie es bis heute bei Qualifikationsarbeiten üblich ist, sondern „Walter Grab aus Tel Aviv“.[59] „Aus Wien“ wurde er, wie er später schrieb, „hinausgeworfen und daher zutiefst beleidigt und verletzt“.[60] „Aus Wien“ hätte auch falsche Kontinuitäten suggeriert, wie etwa eine Angabe auf einem anderen Formular bei der Meldung zur Promotion dokumentiert, das Grab am 17. Februar 1965, seinem 46. Geburtstag, ausfüllte. Die scheinbar harmlose Frage „Haben Sie Ihr Studium unterbrochen? Wenn ja: Wieviele Semester?“ beantwortete er ohne Angabe der erzwungenen Umstände mit einer schlichten Zahl: 40.[61]

IV. Doktorprüfungen

Mitte Juni 1965 lagen die beiden Gutachten zur Doktorarbeit vor. Fischer betonte die Neuheit der Fragestellung und die Besonderheit der erschlos-

---

56 Vgl. etwa Imanuel Geiss: Zur Fischer-Kontroverse – 40 Jahre danach. In: Sabrow/Jessen/Große Kracht: Zeitgeschichte als Streitgeschichte (wie Anm. 26), S. 41–57, hier S. 46–48.

57 So vermeldete er es der Friedrich-Ebert-Stiftung kurz darauf; AdsD, Hausakten, Box 26963, Walter Grab an Frl. Kästle am 9.12.1964.

58 Alle Einzelheiten zur Meldung und zu den Prüfungen finden sich in der Promotionsakte von Walter Grab, Staatsarchiv Hamburg (StAHH), 364–13, Prom Phil 1793.

59 StAHH, 364–13, Prom Phil 1793, Vermerk der Prüfungsstelle der Philosophischen Fakultät am 17.2.1965.

60 Grab: Meine vier Leben (wie Anm. 1), S. 61.

61 StAHH, 364–13, Prom Phil 1793, Fragebogen des Statistischen Landesamtes der Freien und Hansestadt Hamburg für Prüfungskandidaten, ausgefüllt und unterschrieben von Walter Grab am 17.2.1965.

senen Quellen. Grab habe die Aufmerksamkeit auf die demokratisch-republikanischen Bewegungen in Deutschland während der Französischen Revolution gelenkt und damit „Einsichten in eine bisher vernachlässigte soziale und politische Wirklichkeit" gewonnen, „in eine Wirklichkeit, die zwar bald von der romantisch-restaurativen Welt überdeckt wurde, deren Repräsentanten aber dennoch als Vorläufer von 1848 betrachtet werden müssen". Einschränkend fügte Fischer hinzu: „Die innere Anteilnahme an seinem Gegenstand und die Freude über die Entdeckung neuer Quellen und jener Gruppen fast vergessener Männer führt den Verfasser zu einer gewissen Überbewertung ihrer Wirksamkeit, da diese Bewegung im politischen wie im geistigen Leben der Nation nur geringe Spuren hinterlassen hat."[62] Hermann Tiemann äußerte sich in seinem Zweitgutachten ebenfalls grundsätzlich positiv, auch wenn er einige Schlussfolgerungen von Grab infrage stellte; vor allem würdigte er, dass der Verfasser bedeutende Publizisten wie Friedrich Wilhelm von Schütz, Heinrich Würzer und Johann Friedrich Ernst Albrecht erstmalig im Zusammenhang ihrer Schriften in die politischen Strömungen eingeordnet und lebendig geschildert habe.[63] Beide Gutachter bewerteten die Dissertation mit „sehr gut".

Nach der Annahme der Arbeit folgten im Juni 1965 innerhalb von fünf Tagen die drei Teile des Rigorosums: eine einstündige mündliche Prüfung im Hauptfach Mittlere und Neuere Geschichte bei Fischer sowie zwei halbstündige Prüfungen in den Nebenfächern. Da Schneider im Sommersemester 1965 in Kalifornien lehrte, nahm Adolf Beck die Prüfung in Literaturwissenschaft ab, und weil der gerade emeritierte Siegfried Landshut im Nebenfach nicht mehr prüfungsberechtigt war, übernahm Wilhelm Hennis dessen Aufgabe in der Politikwissenschaft.[64] Grabs Examina dürften sich in mancher Hinsicht vom sonstigen Prüfungsalltag unterschieden haben. In Geschichte wurde der Kandidat über die Kreuzzüge, über die Geschichte der Juden vom Laterankonzil bis zur Emanzipation, zu den Ursachen der Französischen Revolution aus Sicht der Historiographie der

---

62 StAHH, 364–13, Prom Phil 1793, Gutachten von Fritz Fischer vom 16.6.1965; ein Entwurf des Gutachtens mit handschriftlichen Änderungen findet sich in Fischers Nachlass, BAK, N 1422/7.

63 StAHH, 364–13, Prom Phil 1793, Gutachten von Hermann Tiemann vom 15.6.1965.

64 Grab wollte von Schneider und Landshut geprüft werden und beantragte vergeblich, die Prüfung bei Schneider vorzuziehen und vor dessen Abreise in die USA durchzuführen; StAHH, 364–13, Prom Phil 1793, Walter Grab an den Dekan der Philosophischen Fakultät am 11.2.1965 mit handschriftlichen Bemerkungen des Bearbeiters.

letzten 50 Jahre sowie über den Mittleren Osten im Zweiten Weltkrieg geprüft; in Literaturwissenschaft ging es um moderne hebräische Dichtung seit 1900 und um „den Einfluss jüdischer Geistesvertreter auf das deutsche Geistesleben“, um Moses Mendelssohn und Lessing, um Klopstock, Goethe, Hölderlin, Heine, Grillparzer und Feuchtwanger; in Politischer Wissenschaft schließlich waren die Themen „Politische Theorie zur Zeit der Französischen Revolution (Montesquieu, Rousseau)“ und die Funktionsweisen moderner Demokratie in der Bundesrepublik und in den USA.[65] In Geschichte und Politischer Wissenschaft schnitt der Kandidat mit „sehr gut“, in Literaturwissenschaft mit „gut“ ab. Am 3. Juli 1965 sollte sich Walter Grab „in der Passage des Mensa-Restaurants“ einfinden, um sein Prüfungszeugnis mit der Note „magna cum laude“ in Empfang zu nehmen.[66]

Am 14. Juli 1965, passend am französischen Nationalfeiertag, verabschiedete sich Walter Grab vom Europa-Kolleg in Hamburg mit einem Vortrag über „Deutsche Demokraten in der Epoche der Französischen Revolution“,[67] und genau zu diesem Thema hielt er Ende November 1965 nach Aufnahme seiner Dozentenstelle an der Universität Tel Aviv dort bereits seine Antrittsvorlesung, nun, wie er später schrieb, „in meinem schönsten Hebräisch“.[68] Dazwischen referierte Grab Anfang September 1965 beim Internationalen Historikertag in Wien vor 150 Revolutionsforschern aus aller Welt über „Robespierre in der Sicht der norddeutschen Jakobiner“ und verblüffte seine Zuhörer vermutlich mit der persönlichen Vorbemerkung, er beginne seine wissenschaftliche Laufbahn vor großem internationalen Publikum nun mit Genugtuung an jenem Ort, aus dem er 27 Jahre zuvor „mit einem Fußtritt“ hinausgeworfen worden sei.[69]

---

65 Die Protokolle der mündlichen Prüfungen in Geschichte am 21.6.1965, in Literaturwissenschaft am 25.6.1965 und in Politischer Wissenschaft am 22.6.1965 finden sich in dem vierseitigen Dokument „Doktorprüfung“ in der Promotionsakte, StAHH, 364–13, Prom Phil 1793.

66 StAHH, 364–13, Prom Phil 1793, Mitteilung der Fakultät an Walter Grab am 30.6.1965.

67 Grab: Meine vier Leben (wie Anm. 1), S. 183.

68 Ebd., S. 190.

69 Vgl. ebd., S. 187; diese Formulierung verwendete Grab mehrfach in Gesprächen mit dem Verfasser, wenn er auf seinen Wiener Auftritt von 1965 zu sprechen kam.

V. Das erste Buch

Tatsächlich hatte Walter Grab in weniger als drei Jahren all das einlösen können, was er sich 1962 von seiner lebensändernden Entscheidung, doch noch einen wissenschaftlichen Berufsweg einzuschlagen, versprochen hatte. Als nächstes galt es, die Dissertation zu veröffentlichen und dabei möglichst gut zu platzieren. Durch Vermittlung und besondere Fürsprache Fischers hatte sich diese Frage schon im Juli 1965 entschieden: Die Arbeit sollte als Band 21 der „Veröffentlichungen des Vereins für Hamburgische Geschichte" im Hamburger Christians-Verlag erscheinen.[70] Grabs Ansprechperson dafür war wiederum Jürgen Bolland, der Direktor des Staatsarchivs Hamburg, der, wie es lange Zeit üblich war, zugleich als Vorsitzender des Geschichtsvereins amtierte und die Publikation befürwortete.[71]

Die Druckkosten für das dann 275 Seiten starke Buch beliefen sich bei einer Auflage von 500 Exemplaren auf stattliche 15.500 DM,[72] mehr als das Eineinhalbfache des damaligen Jahresdurchschnittseinkommens in der Bundesrepublik. Je 4.500 DM steuerten die Hamburgische Wissenschaftliche Stiftung und die Joachim-Jungius-Gesellschaft bei; mit 2.000 DM beteiligte sich in diesem besonderen Fall die Universität in Tel Aviv, und die verbleibende Summe übernahm der Verein für Hamburgische Geschichte selbst.[73] Die Aufnahme der Dissertation in die Schriftenreihe

---

70 So geschah es im Jahr darauf: Grab: Demokratische Strömungen (wie Anm. 4). Die Begleitumstände der Veröffentlichung sind in einer umfangreichen Akte des Vereins für Hamburgische Geschichte überliefert, StAHH, 614–1/33, E 27.

71 Zwei Wochen nach Abschluss der mündlichen Prüfungen hatte sich Fischer an Bolland gewandt, ihm die beiden Gutachten zur Dissertation übermittelt, um Veröffentlichung in einer Schriftenreihe des Vereins gebeten und versprochen, sich auch um die Einwerbung von Druckkostenzuschüssen zu bemühen. Zur Begründung heißt es: „Da es sich hier um einen bisher vernachlässigten und noch weitgehend im Dunkel liegenden Bereich der deutschen Forschung handelt und der Verfasser sowohl in der Vielzahl der von ihm aufgespürten Zeitschriften wie in der Vielzahl der von ihm vorgestellten bisher entweder gar nicht oder nur unzureichend in ihren Konturen bekannten Persönlichkeiten ihn erhellt, so scheint mir die Arbeit eine vom methodischen Ansatz wie vom sachlichen Ertrag her wertvolle Bereicherung unseres historischen Wissens der behandelten Epoche [...]." StAHH, 614–1/33, E 27, Fritz Fischer an Jürgen Bolland am 7.7.1965.

72 StAHH, 614–1/33, E 27, Hans Christians Druckerei und Verlag an Verein für Hamburgische Geschichte, Rechnung vom 11.11.1966 über 15.565,95 DM; der Kostenvoranschlag vom 12.8.1965 hatte noch bei knapp 14.000 DM gelegen.

73 Die Einwerbung der Teilbeträge verlief nach Fürsprache von Fritz Fischer und Jürgen Bolland relativ reibungslos: Der Beirat der Joachim Jungius-Gesellschaft

des alteingesessenen Geschichtsvereins war eine Anerkennung des Autors und durchaus nicht selbstverständlich, zumal dessen Arbeit selbst eine Aura des Revolutionären anhaftete.[74] Umgekehrt hätte sich Walter Grab, wie bei jeder länger bestehenden Institution in Deutschland, allerdings fragen können, inwieweit auch der Geschichtsverein durch seine NS-Vergangenheit und personelle Kontinuitäten über 1945 hinaus belastet sei. Schließlich hatte auch dieser Verein 1938 seine jüdischen Mitglieder ausgeschlossen, was in der Beschäftigung mit der eigenen Geschichte noch bis zum Jahr 2005 kein Thema war.[75]

Die Buchwerdung von Grabs Doktorarbeit hatte dann noch einige Hürden zu nehmen. Während Fritz Fischer offenbar keine Änderungswünsche mehr hatte, bestand Hermann Tiemann auf größeren Umarbeitungen. Im November 1965 schickte Grab den endgültig redigierten Text an Bolland: Aufgrund der Wünsche von Tiemann habe er 60 der 380 Manuskriptseiten überarbeitet. Es sei ihm aber in Tel Aviv nicht möglich gewesen, die gesamte Arbeit mit durchnummerierten Fußnoten neu abtippen zu lassen, da diejenigen Schreibkräfte in Israel, die perfekt Deutsch könnten, zurzeit

---

bewilligte am 14.12.1965 die beantragte Summe von 4.500 DM; am selben Tag beschloss das Kuratorium der Hamburgischen Wissenschaftlichen Stiftung dasselbe. Aus Tel Aviv hatte Zvi Javetz schon am 19.11.1965 vermeldet, das University's Grant Committee beteilige sich mit 2.000 DM an der Veröffentlichung von Grabs Dissertation. Nur die angefragte Friedrich-Ebert-Stiftung bedauerte, wegen starker Mittelkürzungen im Bundeshaushalt keinen Zuschuss gewähren zu können. Die Stiftung beteiligte sich schließlich doch mit einem Beitrag von 500 DM, ohne dann im Buch als Förderer genannt zu werden; alle Vorgänge in StAHH, 614–1/33, E 27.

74 Vgl. auch das Kapitel „Walter Grabs Jakobiner-Forschung und der VHG (1962 bis 1966)“ in der elektronisch veröffentlichten Langfassung von Gunnar B. Zimmermanns Dissertation: Bürgerliche Geschichtswelten in einer modernen Metropole. Der Verein für Hamburgische Geschichte in den Jahren 1912 bis 1974. Hamburg 2018, S. 978–983, http://ediss.sub.uni-hamburg.de/volltexte/2018/9224 [letzter Zugriff am 18.6.2021]. Hier findet sich auch eine Darstellung der Amtszeit von Jürgen Bolland als Vereinsvorsitzender.

75 Vgl. Joist Grolle/Ina Lorenz: Der Ausschluss der jüdischen Mitglieder aus dem Verein für Hamburgische Geschichte. Ein lange beschwiegenes Kapitel der NS-Zeit (Mit biographischem Anhang). In: Zeitschrift des Vereins für Hamburgische Geschichte 93 (2007), S. 1–145; inzwischen liegt mit Zimmermanns Untersuchung über den Verein für Hamburgische Geschichte in der NS-Zeit (einer Auskoppelung aus seiner in Anm. 74 genannten Dissertation) die bislang fundierteste Studie über einen deutschen Geschichtsverein im Nationalsozialismus vor: Gunnar B. Zimmermann: Bürgerliche Geschichtswelten im Nationalsozialismus. Der Verein für Hamburgische Geschichte zwischen Beharrung und Selbstmobilisierung (Beiträge zur Geschichte Hamburgs, Bd. 67). Göttingen 2019.

schwer überlastet seien.[76] Zu den von Tiemann verlangten Änderungen gehörte im Übrigen auch die weitgehende Tilgung von Erwähnungen Heinrich Laufenbergs, des Historikers der Arbeiterbewegung, dessen 1910 erschienenes Buch „Hamburg und sein Proletariat im 18. Jahrhundert" Grab naheliegenderweise benutzt hatte. Da Laufenberg 1918/19 als Vorsitzender des Arbeiter- und Soldatenrates in Hamburg amtiert hatte, galt er Hermann Tiemann noch Mitte der 1960er Jahre als *persona non grata*, deren Erwähnung, und gar eine positive, in einer wissenschaftlichen Arbeit nichts zu suchen habe.[77]

Unstimmigkeiten anderer Art durchziehen Bollands Briefe in der Vorbereitungsphase der Buchpublikation. Anfang 1966 beschwerte er sich bei Grab wie bei Fischer über formale Unzulänglichkeiten des Manuskripts. Dem Doktorvater gegenüber erklärte er: „Ich habe – offen gestanden – ein solches Durcheinander noch nicht gesehen und wäre Ihnen sehr dankbar, wenn Sie Ihrerseits, um einer unwilligen Reaktion von Herrn Dr. Grab vorzubeugen, vielleicht auch einmal schreiben könnten, daß gerade ein Dozent für Geschichte doch wohl eine auch im Anmerkungsteil sorgfältig gearbeitete Veröffentlichung vorlegen muß."[78] Diese schneidende Kritik betraf nicht zuletzt die beiden Betreuer der Arbeit, die in ihren Gutachten nichts an der formalen Struktur der Arbeit auszusetzen hatten; die Kritik zielte hier wie in einigen anderen Briefen wohl auch gegen Grab persönlich, mit dessen selbstbewusster, agiler und streitbarer Art Bolland seine Schwierigkeiten hatte.[79]

76 StAHH, 614–1/33, E 27, Walter Grab an Jürgen Bolland am 19.11.1965.

77 Vgl. Grab: Meine vier Leben (wie Anm. 1), S. 183.

78 StAHH, 614–1/33, E 27, Jürgen Bolland an Fritz Fischer am 14.1.1966; am Tag zuvor hatte Bolland ausführlich an Grab geschrieben und die Mängel aufgelistet.

79 Die Aktivität, die der energische Grab auch bei der Veröffentlichung seiner Doktorarbeit entwickelte, scheint bei Bolland Distanz und Zurückhaltung eher noch verstärkt zu haben. Bezogen auf Wirkung und Absatzmöglichkeiten des Buches hatte Bolland im Juli 1965 an Fritz Fischer lakonisch geschrieben: „Im Gegensatz zu Herrn Grab glaube ich leider nicht, daß mit einem ‚reißerischen Titel' ein ‚Verkaufsschlager' zu erzielen wäre." StAHH, 614–1/33, E 27, Jürgen Bolland an Fritz Fischer am 14.7.1965.

Grab erfüllte schließlich alle Auflagen[80] und kam sogar Ende Juni 1966 eigens zum Korrekturlesen der Druckfahnen nach Hamburg.[81] Im Oktober lieferte der Verlag das Buch aus; kurz darauf wurde die Doktorurkunde ausgestellt.[82] Die ersten beiden Exemplare seines Buches erhielt Grab am 21. Oktober 1966 per Luftpost; noch am selben Tag sandte er Bolland von Tel Aviv aus Namen und Adressen von Rezensenten, mit denen er jeweils vorbereitend schon Kontakt aufgenommen hatte. In dieser Hinsicht wollte er nichts dem Zufall überlassen, um das Buch in Fachkreisen wie in der breiteren interessierten Öffentlichkeit so bekannt wie möglich machen. „Ich hoffe, dass Sie über diese lange Liste nicht ungehalten sind“, schrieb Grab vorausahnend an Bolland.[83] Jener verschickte dann eine ganze Reihe an Rezensionsexemplaren, teilte Grab aber angesichts auch aufgelisteter DDR-Adressen mit, dass es der bisherigen Praxis des Vereins nicht entspreche, „ostzonale Zeitschriften von sich aus um Besprechung zu bitten“.[84] An Fischer schrieb Grab bald darauf: „Ich habe das Buch selbst an acht Wissenschaftler der DDR eingesandt, da Dr. Bolland nicht bereit war, an die sogenannte Ostzone Exemplare zu schicken; so muß also ein Buch, in Deutschland über deutsche Verhältnisse geschrieben, zweimal den Weg übers Mittelmeer machen, um von einem Teil des Landes in den andern zu gelangen.“[85]

---

80 Fischer hatte Bolland rasch mitgeteilt, er habe Grab mit Nachdruck gebeten, „sich doch auf das Strikteste an Ihre Korrekturvorschläge“ zu halten; StAHH, 614–1/33, E 27, Fritz Fischer an Jürgen Bolland am 10.2.1966. Grab seinerseits erklärte gegenüber Fischer, „so ganz katastrophal“, wie Bolland es beschreibe, sei sein Anmerkungsteil nicht gewesen, aber nun habe er alles „in Ordnung gebracht“ und alle Bitten „genau befolgt“. Bollands Methode sei tatsächlich erheblich besser als seine, aber niemand habe ihn, Grab, hier rechtzeitig unterwiesen; BAK, N 1422/9, Walter Grab an Fritz Fischer am 14.2.1966.

81 Grab kündigte sich für den 28. Juni 1966 bei Bolland an; StAHH, 614–1/33, E 27, Walter Grab an Jürgen Bolland am 15.6.1966.

82 StAHH, 364–13, Prom Phil 1793, Doktorurkunde vom 20.10.1966.

83 StAHH, 614–1/33, E 27, Walter Grab an Jürgen Bolland am 21.10.1966.

84 StAHH, 614–1/33, E 27, Jürgen Bolland an Walter Grab am 25.10.1966.

85 BAK, N 1422/9, Walter Grab an Fritz Fischer am 8.12.1966.

VI. Rezeption und Nachwirkungen

Walter Grabs Buch wurde schließlich breit rezipiert.[86] Mit zahlreichen Vorträgen, Rundfunkbeiträgen und weiteren flankierenden Veröffentlichungen, zum Teil auch in einschlägigen französischen Publikationsorganen,[87] hatte der Autor selbst einiges dafür getan. Dabei fasste er sogar den überzogenen Vorsatz, die deutsche Jakobinerforschung zu einer eigenständigen Disziplin der historischen Wissenschaft auszubauen.[88] Bereits im Frühjahr 1967 erschien Grabs zweites Buch „Norddeutsche Jakobiner. Demokratische Bestrebungen zur Zeit der Französischen Revolution" in einer Auflage von 2.000 Exemplaren in der von Fritz Fischer bei der Europäischen Verlagsanstalt herausgegebenen Reihe „Hamburger Studien zur neueren Geschichte".[89] Auf 140 Seiten präsentierte der frisch Promovierte hier einen stark veränderten und mit neuen Belegen versehenen Teil seiner Dissertation.[90] Fischer hatte Grab schon im Oktober 1965 um seine

86 Vgl. etwa Jürgen Brinckmann: Norddeutschland und die Revolution. In: Neue Zürcher Zeitung vom 29.3.1967, Abendausgabe, S. 1; Ursula Margetts: Aus Deutschlands guter Tradition. In: Blätter für deutsche und internationale Politik 12 (1967), S. 295 f.; sowie die Rezensionen von Sven Papcke (unter dem Pseudonym Peter Müsch) in: Marxistische Blätter 5 (1967), H. 2, S. 64 f., in: Blinkfüer 15 (1966), Nr. 61, S. 18 und in: ebd. 16 (1967), Nr. 9, S. 23, von Klaus Friedland in: Zeitschrift des Vereins für Lübeckische Geschichte und Altertumskunde 47 (1967), S. 147–149; von Helmut Bock in: Deutsche Literaturzeitung für Kritik der internationalen Wissenschaft 89 (1968), H. 9, Sp. 814–816, von Helmut Berding in: Historische Zeitschrift 209 (1969), S. 669 f., von Martin Ewald in: Archiv für Sozialgeschichte 9 (1969), S. 537–542.

87 Walter Grab: Clubs démocrates en Allemagne du Nord 1792–93. In: Annales historiques de la revolution française, Nr. 186 (1966), S. 523–546; ders.: Robespierre et le gouvernment révolutionaire d'après la presse démocatique d'Allemagne du Nord. In: Actes du Colloque Robespierre. XIIe Congrès International des Sciences historiques (Vienne, 3 septembre 1965). Paris 1967, S. 95–106.

88 Grab: Meine vier Leben (wie Anm. 1), S. 196, nochmals S. 197.

89 Grab: Norddeutsche Jakobiner (wie Anm. 51). Jürgen Bolland war über diese zeitnahe Zweitverwertung in Taschenbuchform nicht erfreut, zumal er in dieser Angelegenheit zunächst von Fischer übergangen worden war; bei der Frage einer englischen Übersetzung (zu der es nie kam) hatte Bolland zuvor schon angemahnt, diese möge frühestens eineinhalb Jahre nach Erscheinen der Originalfassung realisiert werden, damit es keine Konkurrenz zur Vereinsveröffentlichung gebe; dazu StAHH, 614–1/33, E 27, Jürgen Bolland an Fritz Fischer am 14.7.1965 und an Walter Grab am 20.7.1965; zur Veröffentlichung in Fischers Reihe StAHH, 614–1/33, E 27, Walter Grab an Jürgen Bolland am 29.10.1965; Jürgen Bolland an Walter Grab am 2.11.1965.

90 Dazu im Einzelnen BAK, N 1422/9, Walter Grab an Fritz Fischer am 29.4.1966.

Beteiligung gebeten, da dessen Darlegung unterdrückter demokratischer Traditionen auch Fischers These von einer deutschen Sonderentwicklung für die Zeit vor dem 20. Jahrhundert untermauern sollte.[91] Nach Fischers Auffassung hatte Grab, wie er ihm Ende 1968 schrieb, „in der ganzen Bundesrepublik und darüber hinaus eine neue Beschäftigung mit der Frage der ‚Demokratie' in der Französischen Revolution und zur Zeit der Französischen Revolution ausgelöst".[92] Grab seinerseits empfand es fortdauernd als Ehre, sich zur „Fischer-Schule" zählen zu können,[93] und sorgte dafür, dass sein Doktorvater als erster deutscher Historiker zu einer Gastprofessur in Tel Aviv eingeladen wurde.[94] Nach Fischers Absage übernahm Imanuel Geiss 1969 diese Aufgabe.[95]

Enge wissenschaftliche und persönliche Verbindungen nach Hamburg, wie überhaupt in viele Richtungen, pflegte Walter Grab bis an sein Lebensende. Seine Besuche in Hamburg, meist als Teil seiner „Vortrags-Tourneen" durch Europa, waren zahlreich. Am 11. Dezember 1969 hielt er erstmals einen Vortrag an der Universität Hamburg, für dessen Zustandekommen er noch selbst hatte sorgen müssen. Mit seinem Referat über „Die deutschen Jakobiner. Republikanische Bestrebungen in Deutschland zur Zeit der Französischen Revolution" wollte Grab, wie er Fischer schrieb, „zur notwendigen demokratischen Bewußtseinsbildung ein kleines Scherflein" beitragen.[96] Tags zuvor hatte er im Verein für Hamburgische Ge-

---

91 BAK, N 1422/7, Fritz Fischer an Walter Grab am 6.10.1965; Walter Grab an Fritz Fischer am 18.10.1965; Fritz Fischer an Walter Grab am 22.10.1965; Walter Grab an Fritz Fischer am 29.10.1965.

92 BAK, N 1422/12, Fritz Fischer an Walter Grab am 23.12.1968; direkt nach Erscheinen von Grabs Buch hatte Fischer selbst ein Hauptseminar über „Die Rückwirkung der französischen Revolution in Deutschland 1789 bis 1850" gegeben; Universität Hamburg: Personal- und Vorlesungsverzeichnis Wintersemester 1966/67. Hamburg 1966, S. 209. Die Studierenden erhielten den hier verwendeten Band von Grab zum Hörerpreis; BAK, N 1422/12, Fritz Fischer an Walter Grab am 14.12.1966.

93 Diese Zugehörigkeit zur „Fischer-Schule" wird in vielen Briefen Grabs an Fischer deutlich, ausdrücklich („da ich mich ja rühmen kann, zur ‚Fischer-Schule' zu gehören") auch in seinem Brief an Fischers Mitarbeiter Helmut Böhme am 28.4.1967; BAK, N 1422/12.

94 Vgl. Grab: Meine vier Leben (wie Anm. 1), S. 205.

95 Geiss lehrte im Februar und März 1969 in Tel Aviv. Ausführliche Korrespondenz zwischen Grab und Geiss über diesen Gastaufenthalt (und darüber hinaus) findet sich im Archiv der Universität Tel Aviv, Walter Grab Korrespondenz, Box 223.1429, File 40 und 41.

96 The National Library of Israel, Archives Department, Walter Grab Archive, Arc. 4* 1958 1 69, Walter Grab an Fritz Fischer am 15.9.1969; die Umstände der

schichte über „Die künstlerische Wirksamkeit und politische Bedeutung des Altonaer Nationaltheaters (1796–1801)“ gesprochen.[97] Im Wintersemester 1984/85 lehrte Grab als Gastprofessor an der Universität Hamburg und bot drei Veranstaltungen an: eine Vorlesung über „Theorie und Praxis der deutschen Jakobinerbewegung“, ein Hauptseminar über „Die revolutionären Bewegungen im Vormärz“ sowie die Übung „Analyse politischer Publizistik in Norddeutschland 1789 bis 1806“.[98] Auf der internationalen Tagung anlässlich des 200. Jahrestages der Französischen Revolution hielt Grab 1989 an der Universität Hamburg den Eröffnungsvortrag über „Die norddeutschen Jakobiner als politische Erben Lessings“.[99]

Der Kontakt zu Fritz Fischer blieb bis zu dessen Tod 1999, ein Jahr vor seinem eigenen, erhalten.[100] Auch in seinem letzten Lebensjahrzehnt betonte Grab, zum Promovieren habe er 1962 eigentlich nur zu Fischer gehen können.[101] Ob er seinen Doktorvater je nach dessen Haltung und Verhalten im „Dritten Reich“ gefragt hat, ist ungewiss. Die zu Grabs Lebzeiten bekannte NSDAP-Mitgliedschaft Fischers scheint für ihn jedenfalls keine Rolle gespielt zu haben. Dass Fischer in der NS-Zeit bereit gewesen war, immer wieder den für seine akademische Karriere jeweils notwendigen nächsten Schritt der Anbiederung und Anpassung an das NS-Regime zu gehen – und dabei ziemlich weit ging –, wurde erst nach Grabs Tod

---

Vortragseinladung sind dokumentiert in der Korrespondenz im Fischer-Nachlass, BAK, N 1422/12.

97 Zimmermann: Bürgerliche Geschichtswelten in einer modernen Metropole (wie Anm. 74), S. 1005, dort Anm. 5368.

98 Universität Hamburg: Personal- und Vorlesungsverzeichnis Wintersemester 1984/85. Hamburg 1984, S. 286, 288, 290. Die Akte zu Grabs Gastprofessur existiert leider nicht mehr.

99 Walter Grab: Die norddeutschen Jakobiner als politische Erben Lessings. In: „Sie, und nicht Wir“. Die Französische Revolution und ihre Wirkung auf Norddeutschland und das Reich. Hg. von Arno Herzig, Inge Stephan und Hans G. Winter. 2 Bde. Hamburg 1989, Bd. 1: Norddeutschland, S. 107–129.

100 Ich selbst traf die beiden im Oktober 1991 zufällig in Hamburg in der universitätsnahen Johnsallee: den damals 83-jährigen Fischer und den 72-jährigen Grab, nach einem gemeinsamen Mittagessen in frohgemuter Stimmung. Grab bat mich bei dieser Gelegenheit, ein Foto von ihm und seinem Doktorvater zu machen. Als ich zu bedenken gab, dass sie sich vor dem Gebäude einer schlagenden Studentenverbindung befänden, deren Flagge den Hintergrund des Fotos bilden würde, entgegnete Grab launig, dies könne unabhängigen Geistern wie Fischer und ihm doch nun wirklich egal sein.

101 Walter Grab im Gespräch mit dem Verfasser in Tel Aviv am 8.7.1993.

im Jahr 2000 durch quellenbasierte Veröffentlichungen publik.[102] Seither spricht vieles dafür, dass Fischers kritische Geschichtsschreibung, wie er sie nach 1945 systematisch in Angriff nahm, auch als eine Art Verarbeitung der eigenen NS-Belastung verstanden werden kann – womit Fischer in der Zunft freilich eine Ausnahme bliebe.

VII. Epilog

Gemessen an Walter Grabs eigenen wissenschaftlichen Zielen hätte seine Hamburger Promotionszeit 1962 bis 1965 nicht erfolgreicher sein können. Hier legte er das Fundament für sein „drittes Leben" als Akademiker in Israel und Deutschland und für sein „viertes Leben" als „Fahrender Scholast aus dem Morgenlande".[103] In Fritz Fischer hatte er zwar nicht eigentlich einen Betreuer seiner Arbeit, wohl aber einen kontinuierlichen Fürsprecher und konkreten Unterstützer gefunden. Mit Landshut, Schneider und Snell lernte er überdies Hochschullehrer kennen, die gerade nicht für Kontinuitäten aus dem „Dritten Reich" standen. Solche Kontinuitäten aber waren ansonsten in der Bundesrepublik der späten Adenauer-Zeit, in der Grab nach Hamburg kam, in vielfacher Weise präsent. Für Grab konnte es gar nicht unbelastet sein, in einer deutschen Stadt zu leben, auch wenn ein Studium hier erträglicher schien als in seiner ihm ebenso vertrauten wie kontaminierten Geburtsstadt. „Ich hätte niemals in Wien promovieren können", schrieb Grab mir 1993, „aus psychologischen Gründen. Ich wußte zwar, auch in Hamburg waren furchtbare Dinge geschehen – aber die hatte ich nicht selbst erlebt."[104]

Auch die politischen Verhältnisse in der Bundesrepublik zur Zeit seines Hamburg-Aufenthalts machten Grab erheblich zu schaffen, worüber er in seiner Autobiographie kaum berichtet. Wie grundsätzlich er damals das Funktionieren der bundesdeutschen Demokratie infrage stellte, zeigt etwa ein Brief an seine Hamburger Bekannte Eva Spitzer vom Februar 1965, der sich im Nachlass von Fritz Fischer erhalten hat. Hier listet Grab „ohne viel Vorbereitung und völlig aus dem Kopf" auf, welche „schweren Verfehlungen gegen die Demokratie" ihm in den knapp zweieinhalb Jahren seit seinem Eintreffen in der Bundesrepublik im Oktober 1962

102 Vgl. Klaus Große Kracht: Fritz Fischer und der deutsche Protestantismus. In: Zeitschrift für Neuere Theologiegeschichte 10 (2003), S. 224–252; Nicolaysen: Rebell wider Willen? (wie Anm. 26).

103 So die Einteilung in Grab: Meine vier Leben (wie Anm. 1).

104 Walter Grab an den Verfasser am 10.1.1993.

aufgefallen seien: insgesamt 32 Beispiele aus den Bereichen Politik, Justiz und Militär – von Freisprüchen für Massenmörder bis zur Spiegel-Affäre. „Gewiß", schreibt Grab, „sind die angeführten Fälle von sehr unterschiedlicher Wichtigkeit; aber ihre Fülle und Häufigkeit machen sie derart niederdrückend, daß Sie mich verstehen werden, daß ich als *Demokrat* nicht neugierig bin, hier zu leben; als Jude könnte ich hier leben, da sicher bei einem relativ hohen Prozentsatz anständiger Deutscher wirklich der Wille der Wiederjudmachung [!] besteht. Es ist auch richtig, daß auch in Israel sehr vieles bei weitem nicht in Ordnung ist. Hier hat aber, möchte ich sagen, Quantität in Qualität umgeschlagen. Dies ist ja auch der Grund, weshalb Westdeutschland im Westen (vom Osten nicht zu reden) mit allergrößtem Mißtrauen beobachtet wird. Daß ich selbst mit der deutschen Kultur innigst verbunden bin und diese Vorgänge keineswegs mit Hohn oder Genugtuung, sondern mit tiefstem Kummer und Schmerz betrachte, wissen Sie. Die Dummheiten, unsinnigen Fehler, Untaten und Verbrechen der Leute ‚drüben' sind in meinen Augen durch solche Dinge, wie ich sie angeführt habe, hier wettgemacht. Es ist auch kein Argument, einen gegen den andern auszuspielen. Deutschland ist zutiefst krank." Schließlich fügte Grab hinzu: „Dieser Brief ist nur für Sie und nicht für unberufene Augen bestimmt, weil ich keine Unannehmlichkeiten will, solange ich hier bin."[105]

Walter Grabs Hamburger Jahre sollten also retrospektiv nicht verklärt werden; sein Studienaufenthalt in der Bundesrepublik war zwar in vieler Hinsicht ausgesprochen ertragreich und positiv fortwirkend, zugleich aber für Grab selbst in hohem Maße ambivalent. Ambivalenz betrifft insofern, wenn auch in unterschiedlicher Ausprägung, alle drei im Titel der Walter Grab-Konferenz vom Februar 2019 genannten Fixpunkte seiner Biographie: Wien, Tel Aviv – und eben auch Hamburg.

---

105 BAK, N 1422/7, Walter Grab an [Eva H.] Spitzer am 26.2.1965 [Hervorhebung im Original]; die Ehepaare Alice und Walter Grab sowie Eva und Hartwig Spitzer hatten sich 1964 kennengelernt. Ich danke Eva Spitzer für die Überlassung zweier weiterer Schriftstücke: einer Ansichtskarte von Walter Grab an Eva Spitzer vom 21.2.1965 mit Abbildung der Nationalen Mahn- und Gedenkstätte Buchenwald sowie eines Briefs vom 18.10.1965 mit einem kurzen Bericht von seinem Auftritt beim Internationalen Historikertag in Wien.

Walter Grab – ein privates Porträt

*Yael Kupferberg, Berlin**

Bildung ist Erfahrung, Bildung ist Zeit, Bildung ist Liebe. Unsere Großeltern Walter und Alisa Grab (geb. Alice Ehrlich) haben uns diesen Schatz erzählend vermittelt.

Walter sagte häufig: „Bildung kann einem nicht genommen werden, alles andere sehr wohl" – Schutz, Besitz, Würde waren ephemer, sie wurden ihm entzogen. Dies war Walters Erfahrung noch in Wien. Die Gewalt, die Vertreibung, die Flucht bedeutete sozialer Abstieg, Deklassierung und tiefe Kränkung. Bildung indes blieb ihm.

Walter Grab fühlte sich für unsere Bildung verantwortlich; er weigerte sich, der Reaktion mit ihren ‚Mythen' und ‚Märchen' die „Köpfe" zu überlassen. Ein ungebrochener Begriff von Aufklärung war ihm eigen.

Walter hat meine politische, literarische Bildung und mein wissenschaftliches Selbstverständnis maßgeblich geprägt und – neben dem Wissen – ein spezifisches Ethos vermittelt. Es ist dieses, dass Wissenschaft nicht Selbstzweck ist, sondern dass Wissenschaft etwas will und einfordert; dass die Welt eine gerechtere werde. Insofern war Walters Wissenschaft konstitutiv doppelperspektivisch: Es galt ihm, das Heute vor dem historischen Hintergrund zu verstehen und zu verändern. Diese akademisch-intentionale Haltung teilte er mit vielen seiner Generation und prägte seine aufklärerische, idealistische Geschichtsschreibung.

Mehr noch als das Studium der Geschichte liebte Walter die deutschsprachige Literatur und Dichtung. Sie war ihm, wie vielen seiner Zeitgenossen in der Emigration, Heimat. Das leidenschaftliche Interesse Walters an Prosa und Lyrik resultierte aus dem Wissen und Empfinden, dass neben der wissenschaftlichen Arbeit und ihrer historiographischen Darstellung, eine andere ‚Wahrheit' existiert. Diese wohnt der philosophisch-ästhetischen Reflexion, der dichterischen Sublimierung inne. Im „sinnlichen Scheinen der Idee", so wie es Hegel schrieb, war ihm „Wahrheit" aufgehoben und vermittelt.

---

* Dr. Yael Kupferberg ist wissenschaftliche Mitarbeiterin am Zentrum für Antisemitismusforschung (TU Berlin) / Forschungsinstitut Gesellschaftlicher Zusammenhalt, Standort Berlin.

Die literarische Moderne, die politische Poesie und Prosa des 19. und 20. Jahrhunderts, die die gesellschaftlichen Verhältnisse ästhetisch stilisierte, empfand Walter als geistige Heimat. Das feinsinnige, lusterzeugende und performative Spiel mit und durch dichtende Sprache und Form bot ihm eine Nähe an, die Walter tief berührte und die er an uns, an alle die ihm zuhörten, weitergab. Es war das ‚Scheinen' der (politischen) Idee, das objektiv Schöne, überhaupt die Qualität von guter Dichtung, die ihn beglückte und aufbaute. Wenn Walter Gedichte las und diese oftmals frei rezitierte, waren es intime Momente der Begegnung. Hier war das lyrische Wir in einem Raum geschaffen, der Zeitgenossenschaft und Gegenwärtigkeit erzeugte. Walter fühlte sich, so meine ich, in der Dichtung aufgehoben und ließ uns daran Anteil nehmen.

Seine Eltern, die Wien erst im März 1939 verlassen konnten, scheuten weder Kosten noch Mühen, ihrem Sohn den Wiener Bücherbestand von 250 Titel nach Palästina zu zuschicken; sie wussten um die Bedeutung, die die Bücher für Walter hatten. An der Literatur baute sich Walter auf, in einem Land, das ihm zwar Schutz bot, dessen Ideologie ihm jedoch fremd war, dazu Walter:

> „Die Heimat, mit der ich mich identifiziert hatte, war plötzlich zur Fremde geworden, und die nationaljüdische Religion, der ich niemals etwas abgewinnen konnte, mußte ich mir zu eigen machen – das war nicht so leicht, ich habe viel hinunterwürgen müssen und bin viele Jahre damit nicht fertig geworden...ich überwand nur schwer den Kulturschock, der in der erzwungenen Flucht aus der Heimat bestand, mit der ich mich geistig identifiziert hatte. Ich wollte an der kulturellen Tradition der Sprache und des Landes festhalten, in der ich erzogen worden war, und ich war nicht bereit, mir die nationale Ideologie des orientalischen Landes zu eigen zu machen, in das ich verstoßen worden war."[1]

Alles Nationalistische und Religiöse war und blieb Walter fremd. Es gab zwar Versuche, sich zu akkulturieren – so schickten ihn seine Eltern im Sommer 1939 in einen Kibbuz, wo er bei der Ernte, im Straßenbau und bei dem Bau einer Schule half. Jedoch empfand Walter, so kommentiert er es in seiner Autobiographie „Meine vier Leben" (1999), keine „besondere

1 *W. Grab*, Meine vier Leben. Gedächtniskünstler – Emigrant – Jakobinerforscher – Demokrat, Köln 1999, S. 64 und 73.

Lust, weil mich die zionistische Idee nicht anzog, durch schwere körperliche Arbeit die biblische Urheimat zu erlösen."[2]

Die schönen Momente des unfreiwilligen und unwilligen Aufenthalts im Kibbuz waren jene, die ihn daran erinnerten, dass Dichtung Einspruch gegen die bloße Existenz erhebt. So lernte er dort einen polnischen Studenten kennen, der den Eingangsmonolog des „Faust" in jiddischer Sprache rezitierte. Auch vertraute er Walter an, dass Heine, Schiller und Lessing ins Jiddische übersetzt worden seien. Dies waren die glücklichen Momente in der neuen Heimstätte.

Am 13. März 1938, als die Nationalsozialisten den „Anschluss" Österreichs vollzogen, sei er zum ersten Mal „gestorben", so Walter. Das Leben, das er bis dahin selbstverständlich als Sohn einer bürgerlichen, akkulturierten Familie führte – er besaß u.a. ein Schüler-Abonnement für das Burgtheater und besuchte die Aufführungen regelmäßig – dieses Leben war vorbei. Von diesem Zeitpunkt an ging es allein darum, seine „Haut zu retten", wie Walter es sagte, von diesem Zeitpunkt an, sei er ein Flüchtling gewesen; nicht „eingewandert", sondern „ausgewandert", nach Palästina, dem er sein Überleben zu verdanken habe.

Im März 1968, dreißig Jahre später, wurde Walter an der Universität Hamburg empfangen. Für ihn ging hier sein Leben, wie er es führen wollte, weiter – nämlich anstatt, wie es Walter wiederholt formulierte, mit „zeitlichen Gütern", d.h. mit Taschen zu handeln, mit „zeitlosen Gütern", mit Wissen. Er promovierte bei dem Historiker Fritz Fischer über die Norddeutschen Jakobiner und schloss Freundschaften, von denen einige ein Leben lang hielten.

Ohne seine Frau Alisa, auch das betonte er stets mit den Worten „nicht jede Frau hätte das unterstützt", hätte er sein ‚wahres' Leben, das Leben eines Gelehrten, nicht führen können. Alisa blieb mit den heranwachsenden Kindern, Alexander und Maya, in Tel Aviv.

Walter empfand – trotz der Beschädigung – eine tiefe Genugtuung darin, dass wir Deutsch sprachen, in Deutschland aufwuchsen und überhaupt das kulturelle Erbe annahmen; diesen Triumph der Geschichte sah er in uns personalisiert.

Dass wir diese Erbschaft übernahmen, lag daran, dass sich die spezifische Bildung und das Wissen über eine intakte Beziehung vermittelte. Walter und Alisa erzählten von ihren Erfahrungen, von jüdischer und allgemeiner Geschichte zugleich. Ihr Erzählen war im Grunde eine ethische, emphatische, didaktische Geste.

---

2 *W. Grab* (Fn. 1), S. 71.

Als Historiker sah er seinen Auftrag darin, Deutschland an seine bewusst verschütteten demokratischen Traditionen und Persönlichkeiten zu erinnern; es galt ihm, die ‚andere', die linke, exilierte Literatur in das Gedächtnis zu rufen. Mit dieser Tradition und deren Persönlichkeiten identifizierte er sich. Wissenschaft war ihm politisch. Als Großvater sah er seine Aufgabe darin, uns den Weg zu weisen – politisch, philosophisch, lebensanschaulich. Er wollte uns dazu befähigen, aktiv und mündig an Gesellschaft teilzuhaben, dass wir überhaupt ein Bewusstsein von Geschichte und Gesellschaft entwickeln.

Diesen pädagogischen Anspruch sah er in dem berühmten Gedicht Bertolt Brechts übersetzt, das er in seinen letzten Lebensjahren oft rezitierte: „Legende von der Entstehung des Buches Taoteking auf dem Weg des Laotse in die Emigration".[3] Es ist ein Gedicht aus dem dänischen Exil von 1939. Ich paraphrasiere: Der Gelehrte Laotse verlässt im hohen Alter seine Heimat, die politischen Zuständen zwangen ihn dazu. Die erste Strophe lautet:

> „Als er siebzig war und war gebrechlich
> Drängte es den Lehrer doch nach Ruh
> Denn die Güte war im Lande wieder einmal schwächlich
> Und die Bosheit nahm an Kräften wieder einmal zu.
> Und er gürtete den Schuh."

Seine wenige Habe nahm ‚der Weise' und verließ auf einem Ochsen reitend, geführt von einem Jungen, das Land. Am vierten Tag seiner Reise wird er von einem Zöllner aufgehalten und befragt, ob er etwas zu verzollen habe. Laotse ist arm, was der Junge erklärt: „Er hat gelehrt." Auf die Frage, was das Ergebnis seiner denkerischen Anstrengungen war, antwortet der Junge:

> „Daß das weiche Wasser in Bewegung
> Mit der Zeit den mächtigen Stein besiegt.
> Du verstehst, das Harte unterliegt."

In diesen Zeilen sind die politische Hoffnung und die Gewissheit artikuliert, dass das Gute siegen und – lyrisch aktualisierend – dass der Faschismus unterliegen wird.

---

3 *B. Brecht*, Legende von der Entstehung des Buches Taoteking auf dem Weg des Laotse in die Emigranten, in: Brecht, Hundert Gedichte 1918 – 1950, Berlin 1955, S. 111 – 115.

Im weiteren Verlauf des Gedichts bittet der Zöllner den Weisen, die Lehren niederzuschreiben. Innerhalb von sieben Tagen – der Zöllner sorgt für Kost und Logis – sind es einundachtzig verschriftlichte Sprüche. Auf diese Weise entsteht das Buch Daodejing, als Zoll und Testament zugleich überreicht der Junge es dem Zöllner.

Es verlässt der Weise seine Heimat, jedoch konnte er seine Weisheit und seine Erfahrung weitergeben. Brecht spielt auf das historische Dokument aus dem vierten Jahrhundert v.u.Z. an, das sowohl eine humanistische Staatslehre, die Befreiung von Gewalt und Armut beschreibt als auch die Etablierung von Weltfrieden postuliert. Der Dank des lyrischen Ich gilt nicht dem Weisen allein, sondern auch dem Zöllner:

> „Aber rühmen wir nicht nur den Weisen
> dessen Name auf dem Buche prangt!
> Denn man muss dem Weisen seine Weisheit erst entreissen.
> Darum sei der Zöllner auch bedankt:
> Er hat sie ihm abverlangt."

Die Weisheit liegt nicht nur im Wahrheitsgehalt der Sprüche. Sie liegt in dem Optimismus, dass die Welt veränderbar ist und in der Bereitschaft, Wissen zu vermitteln. Es obliegt insbesondere der Jugend, Fragen zu stellen. Und sie darf Antwort erwarten, so Laotse: „Die etwas fragen, die verdienen Antwort."

Das Gedicht ist still und im Ton sachlich, seine Intention tröstlich, zutiefst humanistisch – und wie viele von Brechts Gedichten ist es didaktisch, denn: „Dichter sind Lehrer"[4], Dichtung ist soziale Praxis.

> „Das Gedicht war noch nicht veröffentlicht, als zu Beginn des Krieges die französische Regierung die Hitlerflüchtlinge in die Konzentrationslager einsperrte, aber im Frühjahr 1939 hatte Walter Benjamin es von einem Besuch bei Brecht nach Paris mitgebracht",[5]

so schreibt es Hannah Arendt in ihrem Porträt zu Brecht. Einige ihrer Schriften fanden sich zwar bei Walter in der umfangreichen Bibliothek, er hielt sich jedoch an die marxistischen Autoren. Arendt beschreibt die Wirkung des Gedichts auf die Exildeutschen, die sich in französischer Gefangenschaft befanden:

---

4 *H. Arendt*, Bertolt Brecht 1898 – 1956, in: Ludz (Hrsg.), Menschen in finsteren Zeiten, München 2012, S. 259–310, hier S. 303f.

5 *H. Arendt* (Fn. 4), S. 304.

> „Wie ein Lauffeuer verbreitete sich das Gedicht in den Lagern, wurde von Mund zu Mund gereicht wie eine frohe Botschaft, die, weiß Gott, nirgends dringender benötigt wurde als auf diesen Strohsäcken der Hoffnungslosigkeit.“[6]

Walter hat uns dieses Gedicht wiederholt vorgetragen. Als Dank und als Ermutigung, insbesondere uns auffordernd, ihn – als Großvater, Zeuge und als Historiker – zu befragen. Walter, sofern ich mich recht erinnere, hat uns das Gedicht, das auf die „Legende“ fast antithetisch folgt, „Besuch bei den verbannten Dichtern“, nicht vorgetragen. Hannah Arendt indes nimmt es auf und paraphrasiert es:

> „Gleich Dante steigt der Dichter in die Unterwelt und begegnet dort den toten Kollegen, die gleich ihm mit den Mächten der Welt in Konflikt geraten waren. Fröhlich sitzen sie da beisammen, Ovid und Villon, Dante und Voltaire, Heine, Shakespeare und Euripides und vergnügen sich damit, dem Besucher gute Ratschläge zu geben“,[7]

plötzlich

> „aus der dunkelsten Ecke
> Kam ein Ruf: „Du, wissen sie auch
> Deine Verse auswendig? Und die sie wissen
> Werden sie der Verfolgung entrinnen?“ – „Das
> Sind die Vergessenen“, sagte der Dante leise
> „Ihnen wurden nicht nur die Körper, auch die Werke vernichtet.“
> Das Gelächter brach ab. Keiner wagte hinüberzublicken. Der
> Ankömmling
> War erblaßt.“[8]

Wir haben gefragt und zugehört. Viele Stunden in Tel Aviv, in der Rehov Gordon. Hier bekamen wir im Sinne Walters das Beste zu hören, was die deutsche Geschichte und Literatur zu bieten hatte. Hier wurde Goethe, Schiller, Lessing, Heine, Uhland, Nestroy, Brecht u.v.a. rezitiert. Indes lag das Magazin „Spiegel“ als „Lektüre gegen Heimweh“, wie Walter sagte, auf dem Wohnzimmertisch.

Wir können behaupten, dass wir das Wissen und die Erfahrung erinnernd weitergeben. Walters persönliche und seine professionelle Intention verbanden sich. Dies kam deutlich in seinen historiographischen und li-

---

6 *H. Arendt* (Fn. 4), S. 304.
7 *H. Arendt* (Fn. 4), S. 306.
8 Zit. nach *H. Arendt* (Fn. 4), S. 304.

teraturhistorischen Schriften zum Ausdruck, die in der Aufklärung, im Idealismus und im marxistischen Denken wurzeln, weil Walter, politisch – geprägt von Biografie und Geschichte – etwas *wollte*.

Die linken Denker wurden Walter insbesondere in Palästina vertraut gemacht. Seine Lehrer waren Emigranten. Walter erinnert in seiner Autobiografie an den Breslauer Arthur Dombrowski, Mitglied der KPD und ehemaliger Redakteur der schlesischen „Die Rote Fahne", der Karl Liebknecht und Rosa Luxemburg gekannt hatte. Dr. Kurt Freyer, Kunsthistoriker, vermittelte Walter im „Kreis für fortschrittliche Kultur" marxistische Theorie, politische Literatur und machte ihn mit Georg Lukács und Franz Mehring vertraut und er erklärte ihm die Philosophie Hegels. Lukács' Schrift „Geschichte und Klassenbewusstsein" (1923) verschaffte Walter, so schreibt er, eine „sichere Basis für die Beurteilung politischer Probleme." Der dritte Lehrmeister und enge Freund Walters war der Journalist Menachem Ingber; er stammte aus Karpatorussland und erklärte Walter den Unterschied zwischen „bürgerlicher" und „proletarischer" Revolution: das Bürgertum befreie nur sich selbst von den Fesseln der Privilegienordnung. Die proletarische Revolution werde indes die gesamte Menschheit „zu wahrhaft freien und gleichwertigen Individuen" machen.[9] Es war nicht graue Theorie, die Walter zum unorthodoxen Marxisten machte, sondern die Erfahrung, die er und viele andere machen mussten. Jüdische Emigranten in Palästina hielten an der linken Tradition Deutschlands fest und verbanden die jüdisch-partikulare mit der universalen Existenz.

In einem Brief schreibt er am 4. Juni 1998 an mich – ich war damals zwanzigjährig und studierte Neuere deutsche Literatur an der FU Berlin:

> „Liebe Jael, Herzlichen Dank für Deinen Brief, mit dem wir uns sehr gefreut haben. (…) Über Döblins „Berlin Alexanderplatz" habe ich bei meinem Germanistikstudium in Hamburg 1964 auch eine Seminararbeit schreiben müssen, das ist ein grossartiges Zeitgemälde, Biberkopf ist die Inkarnation des Proletariats in der Nachkriegszeit, die von Krise und Arbeitslosigkeit ebenso geschüttelt war wie sie grossartige literarische Produktionen von Oskar Maria Graf, Seghers, Kisch, Döblin, Heinrich und Thomas Mann hervorbrachte – das musst Du alles kennen, das nächste Mal wenn Du herkommst werde ich Dir wieder einen Teil meiner Bibliothek geben, da ist sie am besten aufgehoben. (…) … Ansonsten bin ich mit meinen wissenschaftlichen Arbeiten fast am Ende, ich habe meinen Aufsatz „Ursachen und politi-

---

9 *W. Grab* (Fn. 1), S. 85ff.

sche Folgen des Scheiterns der Revolution von 1848“ nach Hamburg geschickt. (....) Ich erkläre dort, dass die gesamte politische Entwicklung Deutschlands, die drei Aggressionskriege 1864, 66 und 70 gegen Dänemark, Österreich und Frankreich, mit denen Deutschland unter Wahrung des alten Sozialsystems „geeinigt“ wurde, und die beiden Aggressionskriege 1914 und 1939, wo sie die Weltmacht erringen wollten, durch ständige Militarisierung des gesamten öffentlichen Lebens zustandekamen, und dass man zum Schluss nach dem Ende des 2. Weltkriegs gar keine Wahl hatte, als auf die alten verachteten Vorschläge der unterlegenen Revolutionäre von 1848 zurückzugreifen, das Grundgesetz beruht zum grossen Teil auf den Prinzipien der Freiheitskämpfer von 1848/49. Kein einziger deutscher Historiker sagt das mit solcher Schärfe und Deutlichkeit. (...) Wenn Du über Büchner eine Hausarbeit schreiben wirst, so musst Du mein Buch „Büchner und die Revolution von 1848“ benutzen, und auch mein Buch über Wilhelm Schulz, denn dieser war ja in der Zürcher Emigration sein engster Freund, da gewinnt man ein sehr deutliches Bild von den Zielen der Revolutionäre vor 1848, Schulz meinte, dass die Revolution vielleicht nicht verloren gegangen wäre, wenn an der Spitze der Revolutionäre nicht Robert Blum gestanden hätte, der in der entscheidenden Septemberkrise versagte, sondern Georg Büchner. ...viele Küsse, in Liebe Dein Opa Walter.“[10]

Die vielen an uns adressierten Briefe zeugen von seinem Interesse an unserer Lebenswelt. Jedoch wollte er auch hier Bildung vermitteln und die Deutung von Geschichte nicht dem Zufall und anderen überlassen. So schickte er Literaturlisten, Titel von Autoren, die ich unbedingt lesen sollte; Egon Erwin Kisch, Lion Feuchtwanger, Joseph Roth, Kurt Tucholsky, Heinrich Mann (meine Großmutter Alisa mochte Thomas Mann nicht, verehrte jedoch den Sohn Klaus), Alfred Döblin, Erich Kästner, Hans Fallada, Anna Seghers, Arnold Zweig, Bert Brecht, überhaupt die linke Exilliteratur und: Heinrich Heine.

Meine Dissertation galt seinem Lieblingsdichter, dem politischen und jüdischen Heine, dessen Witz ich analysiert und kontextualisiert habe. Walter war ein begnadeter Witze-Erzähler. Überhaupt war er ein Erzähler, dem es immer um die politische, gesellschaftliche Frage ging.

Zum Tod von Walter Grab setzten u.a. Micha Brumlik, Detlev Claussen und sein langjähriger Frankfurter Freund Jakob Moneta in der Frankfurter

10 *W. Grab* an Y. Kupferberg, 4. Juni 1998, Tel Aviv – Berlin (privat).

Rundschau eine Anzeige auf. Es ist mit dem Zitat Rosa Luxemburgs versehen: „Wie Lassalle sagte, ist und bleibt die revolutionärste Tat, immer ‚das laut zu sagen, was ist'". In Lassalle, in diesem „neunzehnjährigen Jüngling", sah Heine „den Messias unseres Jahrhunderts".[11] Walter schrieb über die Freundschaft von Heine und Lassalle, Rosa Luxemburg wurde im Geburtsjahr von Walter 1919 ermordet.

Die moralische und politische Pflicht, für Gerechtigkeit einzustehen, überhaupt an Öffentlichkeit teilzuhaben, dies war Walters Anspruch und Antrieb. Er unterschlug dabei nicht, dass die Universalität von Juden eingefordert und ausgesprochen wurde.

Mit der Beziehung von Partikularität und Universalität befasste sich Walter in seinen späten Jahren. Er interessierte sich für den Zionisten Joseph Bloch (1871–1936), der 1897 die Zeitschrift „Sozialistische Monatshefte" in Berlin gründete und die er bis 1933 herausgab. Bloch führt das Judentum, die Vernunft und das Gesetz Sinai mit der Proklamation der Menschenrechte der Französischen Revolution zusammen. Walter zitiert ihn am Ende seiner Autobiographie und es ist anzunehmen, dass ihn auch dessen performatives Pathos fasziniert haben muss:

> „Im Donner des Sinai und in den Stürmen der Pariser Nationalversammlung wurden die Deklarationen der Menschheit verkündet: Hebräisch die Gebote, französisch die Rechte .... Jerusalem ist der östliche, Paris der westliche Pfeiler der europäischen Zivilisation. ... Die Gebote des Sinai und die Ideen von 1789 erhalten zusammen das ganze Gesetz des Himmels und der Erde über das Zusammenleben der Menschheit."[12]

Dem synthetischen Postulat von jüdischer Partikularität und universellen Menschenrechten – die Beziehung von „Jerusalem" und „Paris" – galt Walters Denken. Es ging ihm auch um die Frage nach der jüdischen Existenz in der Gesellschaft. Als er das Gespräch mit den jungen deutschen 68igern führte, hat er das nicht immer ausdrücklich gemacht. Er hat dieses Anliegen als gemeinsames vorausgesetzt und erwartet, dass die Botschaft ankomme: Die Emanzipation einer Gesellschaft beinhaltete die Emanzipation der Juden. Wenn alle Menschen gleich wären, und Walter bestand darauf; „die Menschen sind nicht gleich, aber gleichwertig", so bedeutete es, dass Juden in der gerecht eingerichteten Sozietät aufgehoben sind.

---

11 Zit. nach W. *Grab*, Heinrich Heine als politischer Dichter, Frankfurt am Main 1992, S. 159.

12 *W. Grab* (Fn. 1), S. 409.

Palästina rettete ihm das Leben. Darin besteht das unbedingte Recht des Staates Israel, indes war Walter eine ideologische Überhöhung fremd. So empfahl er meinen Eltern, Israel eine Weile zu verlassen und Europa, Deutschland, für ihn immer noch die Wiege der Zivilisation und Kultur – auch nach ‚Auschwitz' – kennenzulernen.

Das bemerkenswerte an Walter war, dass er sich nicht als ‚Opfer' stigmatisieren ließ. Wie anderen emigrierten Akademikern war es ihm Auftrag, poltisch-gesellschaftlich zu wirken und aufzuklären. Für viele Deutsche, mit denen er hier zusammentraf, war es der erste Kontakt mit einem, durchaus kritischen, Israeli.

In Berlin fanden meine Eltern ein Zu Hause, neben dem in Israel. Walter hat das begrüßt, denn wir legten davon Zeugnis ab, dass es sich als Juden, als Israelis in Deutschland leben lässt – so sah es Walter.

Walters Anliegen hallt nach. Stets galt es ihm, die verdrängte, von der Reaktion eroberte Geschichte aufzudecken und die progressiven, demokratischen Tendenzen zu stärken. Das war eine andere Geschichtsschreibung. Er sagte: „da muss ein Jude aus Österreich kommen" und die Deutschen an ihre bessere Tradition, Literatur und Geschichte erinnern, an Persönlichkeiten so wie Heine, Büchner, Börne, Wilhelm Schultz, Harro Harring, Johann Jacoby, und an viele andere „Radikale", die aus dem Gedächtnis verdrängt worden waren. Die Bücher „Noch ist Deutschland nicht verloren" (1970), das er mit seinem Freund Uwe Friesel publiziert hatte und „Radikale Lebensläufe" (1980) dokumentieren dieses demokratische Bewusstsein Deutschlands. Auf die Frage, warum er sich mit den von der Geschichtswissenschaft Vergessenen und bewusst „Unterschlagenen" aus dem 19. Jahrhundert beschäftigte, antwortete er, „Hitler hat mich aus dem 20. Jahrhundert geworfen, die Nazis haben mich unterschlagen."[13] Darin schwingt auch eine Identifikation mit den politisch Verdrängten des 19. Jahrhunderts mit.

Im Rundfunk-Gespräch mit seinem Freund und Publizisten Eike Geisel 1983, erzählt Walter von dem deutschsprachigen Literaturzirkels „Kreis für fortschrittliche Kultur", der sich 1942 in Tel Aviv gründete und den Wunsch vieler Emigrantinnen und Emigranten zum Ausdruck brachte, an der deutschen Sprache, Literatur und Kultur festzuhalten. Die meisten dieses Kreises waren „nicht eingewandert, sondern ausgewandert", sie kamen „nicht aus Zionismus, sondern aus Deutschland oder Österreich." Bis 1945 fanden innerhalb dieses Kreises Lesungen, Aufführungen und Diskussions-

13 *E. Geisel* und *W. Grab* im Gespräch über den „Kreis für fortschrittliche Kultur" in Tel Aviv 1942–1946, NDR 3, Hannover, Erstausstrahlung 05.07.1983.

runden zum aktuellen Kriegsverlauf statt. Jedoch auch politische Texte, Lyrik und Prosa wurden rezitiert und diskutiert. Walter lernte hier er meine Großmutter Alisa kennen. Nach 1945 löste sich der „Kreis" auf. Einige verließen das Land, dass ihnen Schutz geboten hatte; vielen war der Kreis eine Art „Notunterkunft". Eike Geisel kommentierte:

> „Spöttisch könnte man sagen, Walter Grab hat – wie viele deutschsprachige Juden – diese Notunterkunft bis heute nicht verlassen. Er ragt wie ein Fossil der deutschen Kultur heute in die israelische Gesellschaft hinein. Walter Grab ein Vertreter des anderen Deutschlands oder anderen Österreichs? Nein. Sondern wie alle Mitglieder des Zirkels ein anderer Deutscher – ein anderer Österreicher. Grab stellvertretend für diesen Zirkel ein Repräsentant der deutschen Kultur? Einer Kultur, zu der Auschwitz gehört? In Israel nimmt man ihm seine kosmopolitische Haltung übel. Hier gilt er der beamteten Intelligenz als Autodidakt, weil er nicht die akademische Hühnerleiter bis zum Pensionsanspruch emporgeklettert ist. Dort ist er den Nationalisten ein Gräuel. Den modischen neudeutschen Antizionisten hier ein anstößiger Liberaler. Mit stupender Akribie erinnert er an die uneingelösten Versprechen der Geschichte. Er plädiert weder für eine Nation, ein Volk noch eine Klasse, sondern für … die so antiquierte Idee der Befreiung von Herrschaft. Das mag von jener Universität kommen, die eigentlich keine war;"[14]

sondern die Erfahrung selbst, das Leben des Emigranten, vertrieben aus Österreich, Europa, wohin sie die Verbindung nicht verlieren und fremd in Palästina, „wo sie irgendwie heimisch werden wollten", wie Geisel sagt. Von der ‚Liebe zum Jüdischen Volk' oder von „eretz jisrael" sprach Walter nicht, wohl aber Alisa.

---

14 *E. Geisel* (Fn. 12).

Walter Grab: Mentor, großer Gelehrter und Freund

*Uwe Friesel, Salzwedel**

Schon unser Kennenlernen Anfang der sechziger Jahre des letzten Jahrhunderts fiel aus dem Rahmen. Walter Grab saß zwei Reihen hinter mir im Audi Max der Hamburger Uni, wo gerade der frisch inthronisierte Germanist Singer eine Vorlesung über Bertolt Brecht hielt. Professor Singer erklärte den Lyriker Brecht zum wahren Dichter, den zeitkritischen Dramatiker dagegen zum Propagandisten. Wir beide hörten zu, erst fassungslos schweigend, dann laut lachend, bis wir schließlich unter Protest die Aula verließen.

Aus dieser Missbilligung der herrschenden Deutschkunde erwuchs eine lebenslange Freundschaft.

In Hamburg nachgerade berühmt wurden Walter Grabs Heine-Abende im Europa-Kolleg Flottbek. Hier trafen sich Studierende unterschiedlichster Fachrichtungen, die in Heine mehr sahen als den Dichter der Loreley. Zum Bespiel war Ulrich Krause darunter, ein Mathematiker, der wie ich schon zu Anfang seines Studiums einen Lyrikband veröffentlicht hatte. Uns faszinierte der sehr persönliche Bezug, den der Historiker Grab zu den Versen Heines herzustellen wusste. Von Jugend auf ein intimer Kenner der deutschen Literatur des achtzehnten und neunzehnten Jahrhunderts, spürte Grab doppelt die geschichtliche Ironie, die darin lag, dass er, ein Wiener Bürgersohn, der als Neunzehnjähriger von den Nazis ins Morgenland vertrieben worden war, ein Vierteljahrhundert später im Europakolleg zu Hamburg den hanseatischen Bürgersöhnen ausgerechnet Heinrich Heine erklären musste, der doch in der Hansestadt gelebt und gelitten und ihr im "Wintermärchen" ein sarkastisches Denkmal gesetzt hatte. Besonders der schrecklich-ironische Schluss, der zunächst der Zensur anheim gefallen war, beeindruckte uns. Darin verleitet die Göttin Hammonia, bei Heine eine St. Pauli-Dirne, ihren Besucher dazu, die Zukunft Deutschlands zu schauen, und zwar, indem er mutig den Kopf in die schreckliche Rundung ihres Kackstuhls steckte. Wie es dort gestunken, mochte er kaum aufschreiben, tat es aber dann doch: das Wintermärchen in letzter Fassung ist

* Uwe Friesel ist Autor und Übersetzer von Gedichten, Erzählungen, Hörspielen und Romanen.

inzwischen das berühmteste Langgedicht der neueren deutschsprachigen Poesie.

1967 machten meine erste Frau Ursula Kirchberg und ich unsere Hochzeitsreise nach Tel Aviv, wo wir Gäste der Familie Grab waren. Inzwischen hatte Walter Grab seine detailreiche Dissertation "Demokratische Strömungen in Hamburg" veröffentlicht sowie einige Aufsätze in historischen Fachzeitschriften. Doch seine ganz ungewöhnlichen Kenntnisse der deutschen Literatur, insbesondere der politischen Lyrik, lagen brach. Ich selbst hatte mittlerweile als Autor und Übersetzer recht gute Beziehungen zu deutschen Publikumsverlagen und konnte, auch mit Zuspruch von Ali Grab, die Heine über alles liebte und ganze Gedichte von ihm auswendig wusste, ihren Mann dazu bewegen, über eine besondere Lyriksammlung nachzudenken.

Bei dem Projekt "Noch ist Deutschland nicht verloren – eine historisch-politische Analyse unterdrückter Lyrik von der Französischen Revolution bis zur Reichsgründung" sollte es um jene verfolgten Dichter gehen, die seit der Aufklärung für politische Freiheiten gekämpft und gelitten hatten. Ihre zeitkritischen Dichtungen waren von der Zensur der Restauration und später auch der Nazizeit so gut wie ausgelöscht. In unserer Darstellung wollten wir lyrische Texte aus den geschichtlichen Umständen und umgekehrt Historie aus der Zeitzeugenschaft von Lyrik erklären. Uns war klar, damit würden wir sowohl methodisch wie auch inhaltlich Neuland betreten. Selbst engagierten Lesern von heute war ja deutsche Freiheitslyrik so gut wie unbekannt; die aufkeimende Studentenbewegung musste die eigene Vorgeschichte erst noch kennenlernen.

Um Material zu sammeln, fuhren Walter und ich 1968 im Auto nach Linz und Wien, entlang der Donau, mit Wallhall zur Linken, jenem antikisierenden Tempel eines kulturellen Nationalismus, den er, wie auch andere übergroße Denkmäler jener Epoche, als Symbole späteren Unheils ausgemacht hatte. Bei der Vorbeifahrt am Kloster Melk zitierte Walter einen seiner Kalauer, bei denen man verblüfft war, sie aus seinem Mund zu höheren: "Melk an der Donau" sei ein Imperativ.

In Linz waren wir nicht so sehr mit den städtebaulichen Relikten des "Gröfaz" befasst, als vielmehr ganz im Gegenteil mit der stupenden Sammlung von Handwerker- und Arbeiterdichtung, die der Professor Gerhart Baron in den eigenen vier Wänden einer Sozialbauwohnung zusammengetragen hatte. Baron war Professor ehrenhalber, kein Akademiker. Als Norddeutschem war es mir ein ganz eigenes Vergnügen, die beiden im österreichischen Dialekt über Follen und Hebenstreit, Sallet und Prutz fachsimpeln zu hören – unterdrückte Autoren, von denen ich bis dato nicht einmal die Namen gekannt hatte.

In Wien entdeckten wir dann in den "Giftschränken" der Hofburg etliche Flugblätter des 18. und 19. Jahrhunderts. Mir wurde deutlich, dass Lyrik ein wichtiges Transportmittel für aufrührerisches Gedankengut gewesen war, vor allem, wenn es, wie im Falle der "Winterreise" von Wilhelm Müller, durch eine Vertonung weitere Verbreitung erfuhr. Wir besuchten Freuds Wohnhaus in der Burggasse 9 und schließlich auch den Treffpunkt des Ersten Wiener Arbeiter Bildungsvereins, wo Karl Marx am 2. September 1848 einen Vortrag über "Lohnarbeit und Kapitel" gehalten hatte. Doch geschah dies laut Grab leider in einem Wissenschaftsjargon, der am Publikum vorbei ging. Genau diesen Fehler wollten wir vermeiden, und zwar durch eine wissenschaftlich genaue, zugleich aber verständlich geschriebene Darstellung. Mit unserem Konzept stießen wir im renommierten Hanser Verlag München auf offene Ohren. Die Anthologie "Noch ist Deutschland nicht verloren" kam 1970 heraus und erlebte noch zwei weitere Auflagen (1973 bei dtv und 1980 im Berliner Oberbaumverlag). Man kann mit Fug sagen, dass es die Vorurteile über politische Lyrik in der deutschen und internationalen Germanistik nachhaltig erschütterte.

Wie sich erwies, fand das Buch bei den Studenten der 68' er Bewegung großes Interesse. Doch wie konnte man die Abneigung gegen Gedichte ganz allgemein überwinden, in einer Gegenwart, in der alles in Prosa stattfand? Ich hatte seit Ende der Sechziger in der Volksbühne Berlin (West) als Dramaturg gearbeitet und dabei Bekanntschaft mit den jungen Kabarettisten um Volker Ludwig geschlossen, gerade als sie dabei waren, das "Reichskabarett" in das emanzipatorische Kindertheater "Grips" umzuwandeln. Anhand meines Vorworts zu "Noch ist Deutschland nicht verloren" entwickelten wir für den Sender Freies Berlin eine TV-Revue, in der Straßenkehrer den Schrott der Geschichte zusammenkehrten und dabei die aufrührerischsten Texte der letzten Jahrhunderte deklamierten. Hinterher gab es ein Podium unter der Leitung des Kritikers Fritz J. Raddatz, Auch Prof. Benno von Wiese nahm daran teil, der "Nestor" der deutschen Germanistik, der politische Lyrik insgesamt ablehnte. Damals füllten seine Bücher und Anthologien noch die Seminarbibliotheken sämtlicher deutscher Unis. Doch in den Dreißigern hatte er in einem Aufsatz seiner braun angehauchten Wissenschaft behauptet, Heine habe als Jude den tieferen Seelenton der deutschen Lyrik nicht treffen können. Diese rassistische Überzeugung, die er als "den Zeitumständen geschuldete Jugendsünde" abtat, hat ihn jedoch nicht daran gehindert, an der Düsseldorfer Heine-Ausgabe mitzuwirken. Hierüber gab es vor laufender Kamera einen offenen Schlagabtausch zwischen Grab und von Wiese. Noch heute denke ich, dass unsere TV-Inszenierung zur Beendigung seiner Mitarbeit an der renommierten Heine-Gesamtausgabe beigetragen hat.

Walter Grab, der kurz vor Beginn seines Studiums neunzehnjährig aus Wien floh, nachdem er zusehen musste, wie Nazitypen in Lederstiefeln jüdische Mitbürger zwangen, das Trottoir mit Zahnbürsten zu säubern, rühmte mir gegenüber die Türkei, die ihm das Überleben ermöglichte, bis er nach Palästina übersiedeln konnte. Alles, was er an Vermögen besaß, war ein Schnittmuster-Bogen für eine Tragetasche aus seines Onkels Lederwarenfabrik. Dieses Schnittmuster erwies sich als lebenserhaltend: der junge Walter stellte auf alten Singer-Nähmaschinen Taschen für die israelische Armee her. Damit konnte er dem Militärdienst entgehen und zugleich überleben. Seine Liebe aber galt nicht der Jurisprudenz, die er nach dem Willen des Onkels hatte studieren sollen, sondern der Geschichte. Er hatte ein derart fotografisches Gedächtnis, dass er historische Daten nach einmaligem Lesen im Kopf behielt. Er gewann Preise in Radioquiz-Sendungen und war dabei derart exakt, dass der Moderator ihn bat, doch auch mal einen Fehler zu machen, die Leute würde es sonst nicht glauben. Und noch zwei Jahrzehnte später war er in der Lage, die Telefonnummern meiner wechselnden Hamburger Wohnungen auswendig herzusagen, während ich schon deren Adressen vergessen hatte.

Dank meiner Mitarbeit im deutschen Schriftstellerverband und im PEN konnte ich ihn mit Bernt Engelmann bekannt machen. Mit diesem Bestsellerautor verband ihn später eine Jahrzehnte währende Freundschaft, war es Engelmann doch gelungen, mit gut erzählten "Anti-Geschichtsbüchern" Bestseller zu schreiben. Indes, historisch war Walter weit beschlagener und konnte ihm etliche Detailfehler nachweisen, die auch den Verlagslektoren nicht aufgefallen waren. Engelmann wusste das sehr zu schätzen. Er schrieb auch romanhaft erzählte Bücher („Faction“), in denen er auf die Beteiligung deutscher Industrieller an KZ's in Polen aufmerksam machte, jene anpassungsfähigen Unternehmer, deren auf Zwangsarbeit beruhendes Kapital im Nachkriegsdeutschland zur Neugründung oder Weiterführung ihrer Firmen geführt hatte. Sein Bestseller "Großes Bundesverdienstkreuz" war zeitweise die finanzielle Grundlage der AutorenEdition, zu deren Gründern und Mitherausgebern ich gehörte.

Ein zweiter historischer Autor, mit dem Grab sich anfreundete, war Eberhard Czichon aus der DDR. Czichon war aus einer Arbeiter- und Bauernfakultät hervorgegangen. Schon 1966 hatte er das dünne, aber gehaltvolle Buch "Wer verhalf Hitler zur Macht?" herausgebracht, das die Rolle der Großindustrie beim Aufkommen des NS-Staats untersuchte. Wie die Bücher Engelmanns beeinflusste es maßgeblich das Denken der 68' er. Die Bezeichnung "Ratten und Schmeißfliegen" für solche Enthüllungs-Literaten, von Franz Joseph Strauß auf Bernt Engelmann gemünzt, spiegelt noch heute die Betroffenheit der Betroffenen.

Walter Grab kam damals zugute, dass er als Israeli leichter in den Osten reisen und somit auch ostdeutsche Historiker aufsuchen konnte. In seinen Büchern finden wir weit mehr Verweise auf DDR-Forschungen als bei West-Historikern sonst. Indes, stets war er bemüht, sich nicht von DDR-Ideologie beeinflussen zu lassen.

Als Czichon 1970 sein zweites Buch "Der Bankier und die Macht" veröffentlichte, in dem er Verwicklungen des Sprechers der Deutschen Bank Hermann Josef Abs in einstige KZ-Aktivitäten nachwies, zitierte ihn dieser vor das Landesgericht Stuttgart. Die betreffende Kammer war als staatstreu bekannt und schon gegen Engelmanns "Bundesverdienstkreuz" vorgegangen. Im Gegensatz zu diesem hatte Czichon jedoch etwas zu nachlässig recherchiert, so dass ihm das Gericht Ungenauigkeiten nachweisen konnte. Daraufhin fiel der Autor bei den SED-Oberen in Ungnade, hatte ihn doch der DDR-Staranwalt Kaul verteidigt und sich – sprich: die DDR – somit vor dem Klassenfeind blamiert.

Sogar sozialistische Historikerkollegen schienen nun von Czichon abzurücken. In Walter Grabs Autobiografie "Meine Vier Leben" – Gedächtniskünstler, Emigrant, Jakobinerforscher, Demokrat" indes wird dieses zweite Buch nicht erwähnt, dafür aber des Öfteren die lange Freundschaft zwischen ihnen. Für mich ein Beleg, dass Grab Czichons Befunde insgesamt sehr wohl für stichhaltig hielt und die Ächtung nicht mitvollzog. Ein SPIEGEL-Artikel aus dem Jahre 2006 hätte ihn darin bestätigt. Dort heißt es schon in der Überschrift: "Geheimes KZ im Untergrund / Neue Dokumente zeigen erstmals, wie sehr der frühere Deutsche-Bank-Sprecher Hermann Josef Abs tatsächlich mit den Nazis kollaborierte".

Dann, in den restaurativen achtziger Jahren, war die BRD nicht gerade Avantgarde in punkto Demokratieverständnis. Dafür lieferte die große Preußen-Ausstellung von 1981 im Berliner Walter-Gropius-Bau ein anschauliches Beispiel. Als Mitglied des internationalen wissenschaftlichen Beirats teilte Grab nicht die Meinung der Mehrheit, Friedrich II sei ein „Philosoph auf dem Königsthron“ gewesen. Auch empfand er Exponate wie Dreispitz, Reitstiefel und Schnupftabaksdosen keineswegs als Beleg für Aufklärung. Vielmehr vermisste er den Brief des Aufklärers Lessing an dessen Freund Nicolai vom 25. August 1769, worin es zum Thema Meinungsfreiheit heißt: „ Lassen Sie einen in Berlin auftreten, der für die Rechte der Untertanen, der gegen Aussaugung und Despotismus seine Stimme erheben wollte (...): und Sie werden bald die Erfahrung haben, welches Land bis auf den heutigen Tag das sklavischste von Europa ist.“ Diese Korrektur am angestrebten Preußenbild passte den Ausstellungsmachern nicht. Mit Hinweis darauf, dass so ein Brief „Flachware“ sei und also zum Zwecke dreidimensionalen Ausstellens ungeeignet, schmetterten sie Grabs Ansinnen ab.

Walter Grab, der gegen manchen Widerstand das „Institut für deutsche Geschichte an der Universität Tel Aviv“ aufbaute und in dessen Jahrbüchern, Symposien, Kongressberichten zahlreiche junge Historiker zu Wort kommen ließ, hat mehr für die Entrümpelung der deutschen Geschichtsforschung getan als die meisten seiner hiesigen Kollegen. Er ist auch, durch seine vermittelnde Rolle zwischen DDR- und BRD-Forschung, schon früh so etwas wie ein intellektueller Wegbereiter der deutschen Einheit geworden.

In seinem historischen Urteil war er unbestechlich. Sein allerletztes Buch, das er noch im Jahre 2000 veröffentlichen konnte, eine Sammlung von Aufsätzen mit dem Titel "Demokratische Revolution und Judenemanzipation", gibt Aufschluss darüber, wie die Judenverfolgungen der Nazis einerseits und ihr Unterdrückungsfeldzug gegen Arbeiterbewegung und Demokratie andererseits einander bedingten. Lebenslang war ihm darum zu tun, die Wurzeln für das mörderische Unheil freizulegen, das dann im 20. Jahrhundert von Deutschland in der Welt angerichtet wurde. Die Sammelbände seiner detailreichen Kolloquien füllen ein Buchregal. Etliche Male schon haben sie mir geholfen, bestimmte Paradoxien zu verstehen, etwa im Leben Klopstocks, der ein Dichter pietistischer Innerlichkeit, doch zugleich Ehrenbürger der Französischen Revolution war.

Ohne die öffentlichen und privaten Lektionen Walter Grabs hätte ich manche Romane und Essays niemals schreiben können. Ich wäre ein anderer Autor geworden. Walter Grab war ein Mentor und Freund, wie man ihm selten begegnet.

Erinnerungen an Walter Grab[1]

Prof. Dr. Arno Herzig, Universität Hamburg

Mit Walter Grab verband mich eine langjährige wissenschaftlich-kollegiale Freundschaft, die 1974 auf dem Historikertag in Braunschweig begann. 1973 war meine Habilitationsschrift „Judentum und Emanzipation in Westfalen“ erschienen, auf die ihn Werner Jochmann (1921-1994) aufmerksam gemacht hatte und die Walter Grab in seinem Jahrbuch des Instituts für deutsche Geschichte durch meinen späteren Kollegen Rainer Postel besprechen ließ. Werner Jochmann, den Walter Grab aus seiner Studienzeit bei Fritz Fischer (1908-1999) kannte, war für ihn die Anlaufstelle in Hamburg, weniger das Institut für die Geschichte der deutschen Juden.

Die weiteren Kontakte mit Walter Grab in den 1970er Jahren kamen vor allem durch Julius Schoeps zustande, der Direktor des Duisburger Steinheim Instituts war und Walter Grab 1977/78 zu einer Gastprofessur nach Duisburg eingeladen hatte.[2] Da ich damals in Bochum wohnte, kontaktierten wir uns häufiger und ich lud ihn zu Vorträgen an der Universität in Essen ein, wo ich damals tätig war. Nicht nur ich, sondern auch zahlreiche andere, die ihm begegneten, haben seine Auftritte in Erinnerung. Und es waren richtige Auftritte: Er war eine stattliche Erscheinung, präsent im Raum. In seinen Gesprächen war er einerseits dominant, aber auch unterhaltsam und impulsiv, vor allem wenn er polarisierte.

Zu Walter Grabs 60. Geburtstag (1979) planten Imanuel Geiss und Julius Schoeps eine Festschrift mit dem Titel „Revolution und Demokratie in Geschichte und Literatur“.[3] Sie baten Walter Grab um Anschriften

---

1 Literatur zu seiner Biographie: Grab, Walter: Meine vier Leben. Gedächtniskünstler, Emigrant, Jakobinerforscher, Demokrat. Köln 1999; Ders. Lebensweg und Forschungsergebnisse. Eine autobiographische Skizze. In: Lambrecht, Lars (Hg.): Junghegelianismus als antifaschistisches Forschungsprogramm, Frankfurt/M. u.a. 2003, S. 115-146; Herzig, Arno: Grab, Walter. In: Hamburgische Biographie. Personenlexikon, hg. von Franklin Kopitzsch und Dirk Brietzke, Band 3, Göttingen, 2006, S. 140 f.

2 Grab, Leben, S. 287 f.

3 Schoeps, Julius H. und Geiss, Imanuel (Hg.): Revolution und Demokratie in Geschichte und Literatur. Zum 60. Geburtstag von Walter Grab, Duisburg 1979; Grab, Lebensweg, S. 131 f.

von Kollegen, die Beiträge schreiben sollten. 18 TeilnehmerInnen aus Deutschland, Israel, Österreich und England lieferten Beiträge. Die Tabula Gratulatoria umfasste an die 300 Namen, was für die zahlreichen wissenschaftlichen Verbindungen spricht, die Walter Grab in seiner bis dahin relativ kurzen wissenschaftlichen Karriere geknüpft hatte.

Vom 30.12.1979 bis zum 2.1.1980 fand anlässlich des 250. Geburtstags von Lessing und Mendelssohn im Institut für Deutsche Geschichte in Tel Aviv die erste große Tagung statt, die Walter Grab ausgerichtet hatte und zu der aus Hamburg Franklin Kopitzsch und ich eingeladen waren.[4] Es war für mich die erste der ca. acht Konferenzen, an denen Walter Grab und ich mit Beiträgen teilnahmen. Zu Silvester hatten Walter Grab und seine Frau Alice (genannt Ali) die Tagungsteilnehmer eingeladen und wir alle erfuhren die Gastfreundschaft des Ehepaars Grab in der Gordon-Straße. Seine Ehefrau Ali war äußerst sympathisch und selbstbewusst, wodurch sie wohl auch manchmal Walter Grab korrigierte, wie anlässlich der angekündigten Ordensverleihung für Walter Grab. Er hatte dem Angebot der Deutschen Botschaft in Tel Aviv, ihm das Bundesverdienstkreuz Erster Klasse zu verleihen, wohl so halb zugestimmt. Als er seiner Frau von dem Angebot erzählte, reagierte sie mit der Frage: „Du hast doch sofort abgelehnt, nicht?“ Und als er seine halbe Zusage zugab, quittierte sie dies mit der Bemerkung: „Ich verstehe dich nicht. Du bist doch ein Linker. Was brauchst du einen Orden?“ Es gelang Walter Grab dann doch noch mit einer Absage aus dieser peinlichen Angelegenheit herauszukommen.[5] Weitere wichtige Tagungen, die Walter Grab zu Beginn der 1980er Jahre in Deutschland mit initiierte, waren die Ausstellung „Juden in Preußen“, die im September 1981 im Berliner Gropius Bau mit einem Vortrag von Walter Grab eröffnet wurde.[6] Eine weitere wichtige Tagung war die im Februar 1982 zusammen mit Julius Schoeps veranstaltete Tagung „Juden im Vormärz und in der Revolution von 1848“, bei der über 50 Teilnehmer (inklusiv Referenten) anwesend waren. Es folgten u.a. ein Symposion in Düsseldorf über „Heine 1848-1856“, das Walter Grab mit dem Leiter des Heine-Hauses Düsseldorf Josef Kruse vorbereitet hatte.[7]

---

4 Grab, Walter: Deutsche Aufklärung und Judenemanzipation. Internationales Symposium anlässlich der 250. Geburtstage Lessings und Mendelssohns. In: Jahrbuch des Instituts für deutsche Geschichte, Beiheft 3, Tel Aviv 1980.

5 Grab, Leben, S. 313 f.

6 Ebd., S. 324; Grab, Walter: Der preußische Weg der Judenemanzipation. In: Juden in Preußen. Ein Kapitel deutscher Geschichte, hg. vom Bildarchiv Preußischer Kulturbesitz, Dortmund 1981.

7 Grab, Leben, S. 325 und 334.

Im Wintersemester 1983/84 übernahm Walter Grab eine Gastprofessur in Hamburg. Anlässlich der Universitätspartnerschaft zwischen der Universität Hamburg und der Universität Tel Aviv hatte der damalige Präsident Peter Fischer-Appelt Walter Grab nach Hamburg eingeladen. Der Fachbereich Geschichtswissenschaft sprach dann die eigentliche Einladung aus und organisierte seine Gastprofessur. Zwei Gutachten waren dafür erforderlich, eins davon verfasste sein ehemaliger Doktorvater Fritz Fischer.

Seine Vorlesung über „Deutsche Jakobiner" und sein Seminar „Politische Publizistik in Norddeutschland 1789 bis 1799" waren gut besucht und er konnte den Studenten Hans-Arthur Marsiske für Forschungen über Wilhelm Weitling gewinnen.[8] Zu Weitling veranstaltete Marsiske 1988 eine Tagung in Hamburg, an der Walter Grab zwar nicht teilnahm, aber er wird im Tagungsband ausführlich mit seinem Anliegen zitiert, die deutschen Historiker dafür zu gewinnen, „zur Demokratisierung des Öffentlichen Bewusstseins beizutragen".[9]

Während seiner Hamburger Gastprofessur plante Walter Grab mit dem Kollegen Wolfgang Beutin in Hamburg eine Tagung zur 200-Jahr Feier der Französischen Revolution, die 1989 in Hamburg stattfinden sollte.[10] Zur weiteren Planung (und finanziellen Sicherung) des Unternehmens kamen ab 1987 dann Inge Stephan, Hans-Gerd Winter und ich dazu. Es gelang uns bereits zur Eröffnung der Tagung am 15. Mai 1989 die beiden Tagungsbände unter dem Titel „Sie und nicht wir" mit 33 Beiträgen vorzulegen. Walter Grab hielt damals den Eröffnungsvortrag in der Staatsbibliothek über „Die norddeutschen Jakobiner als politische Erben Lessings".[11] Die Tagung in der darauffolgenden Woche fand im Kokoschka-Hörsaal des Philosophenturms statt. Das Jahr 1989 war mit seinen zahlreichen Vorträgen zur Französischen Revolution der Höhepunkt in Grabs Karriere als „fahrender Scholast aus dem Morgenland", wie er in seinen Lebenserinnerungen diese Lebensphase (von 1984-1995) bezeichnet und die er als „den schönsten Lebensabschnitt" ansieht.[12]

---

8 Grab, Leben, S. 354 f.

9 Knatz, Lothar/Marsiske, Hans-Arthur (Hg.): Wilhelm Weitling. Ein deutscher Arbeiterkommunist. Hamburg 1988, S,236.

10 Grab, Leben, S. 356.

11 Grab, Walter: Die norddeutschen Jakobiner als politische Erben Lessings. In: „Sie und nicht wir". Die Französische Revolution und ihre Wirkung auf Norddeutschland und das Reich, 2 Bde, hg. von Arno Herzig, Inge Stephan, Hans-G. Winter, Hamburg 1989, S. 107-130.

12 Grab, Leben, S. 322.

Sein bewegtes Leben hat Walter Grab in seinen Lebenserinnerungen festgehalten, die 1999 – ein Jahr vor seinem Tod – unter dem Titel „Meine vier Leben. Gedächtniskünstler, Emigrant, Jakobinerforscher, Demokrat.“ erschienen. Sie dokumentieren die zahlreichen wissenschaftlichen und persönlichen Kontakte, die Walter Grab auf seinen vielen Reisen weltweit geknüpft hatte. Auch hier wie in den Gesprächen mit ihm beeindruckt er durch die Schilderung seiner Biographie, die er mit zahlreichen Anekdoten verknüpfte.

Walter Grabs Forschungen, Vorträge und zahlreichen Publikationen konzentrieren sich u.a. auf folgende Problemkreise:

- Jakobiner und Jakobinismus in Deutschland/Österreich
- Die Emanzipation der Juden
- Juden in Preußen
- Die Französische Revolution von 1789
- Die 48er Revolution
- Die politisch engagierte Literatur im Vormärz, vor allem Heinrich Heine

Mit seiner Dissertation bei Fritz Fischer (1965) hatte Walter Grab zahlreiche WissenschaftlerInnen zu Forschungen auf diesem Gebiet angeregt. Das Ziel der deutschen Jakobiner, so interpretierte er es, war „die Befreiung der Volksmassen vom feudalen Joch und die Errichtung eines bürgerlichen, säkularen, parlamentarischen Verfassungsstaates, in dem die Gewaltenteilung durchgeführt und die höchste Entscheidungsgewalt einer gewählten Volksvertretung übertragen sein sollte“. Damit wies Walter Grab auf die frühesten Wurzeln unserer demokratischen Zivilgesellschaft hin, was von dem damaligen Bundespräsidenten Gustav Heinemann aufgegriffen wurde, dem es um die demokratischen Traditionen in Deutschland ging.[13] Bei den sogenannten Jakobinerzirkeln handelte es sich jedoch weitgehend um intellektuelle Einzelkämpfer, die ihre Ideen unter schwierigen Zensurbestimmungen in Zeitschriften publizierten, aber kaum Kontakt zu den Volksmassen hatten, wie Walter Grab am Beispiel von Friederich Wilhelm von Schütz aufzeigt. Schütz erkannte, so Walter Grab, „dass die geballte Kraft der Volksmassen zur Geburt der neuen Ordnung unerlässlich war“.[14] Allerdings ist die Jakobinismusforschung dem Problem nicht näher nachgegangen, warum die Jakobiner auf die Volksmassen kaum

---

13 Grab, Leben, S. 221 f.

14 Grab, Walter: Ein Volk muss seine Freiheit selbst erobern. Zur Geschichte der deutschen Jakobiner, Wien 1984, S. 334 ff.

für ihre Ziele einen Einfluss ausübten, obwohl es in den 1790er Jahren im Zuge der Französischen Revolution zu zahlreichen Unterschichten – Aufständen gekommen war, deren Teilnehmer auch die Parolen der Französischen Revolution bei ihren Aktionen verkündeten.

Schütz, mit dem sich Walter Grab in seiner großen Studie „Ein Volk muss seine Freiheit selbst erobern (1984)" befasst hat, publizierte in Altona, das damals zu Dänemark unter König Christian VII. gehörte und von Kopenhagen aus regiert wurde. Altona verfügte über weitgehende Pressefreiheit. Mit seiner Zeitschrift „Der niedersächsische Merkur", die Schütz in Altona publizierte (gedruckt wurde sie allerdings in Hamburg), erstrebte er „die gleichheitliche Teilhabe des ganzen Volkes an der politischen Willensbildung" und fand damit zahlreiche Leser. Dass er mit diesem Medium auch – wie Grab schreibt – „die zahlreiche in schlechten Bedingungen lebende Bevölkerung erreichte", ist wohl eher idealtypisch zu verstehen. Wie auch die Feststellung von Walter Grab: „Das Entbehrung leidende einfache Volk, das an den Gewinnen des Frankreichhandels der Großkaufleute keinen Anteil hatte, nahm begierig Aufsätze und Gedichte auf, die von gleichen Rechten und Freiheit sprachen." Leider problematisiert Walter Grab in diesem Zusammenhang nicht weiter, wie „das einfache Volk" diese Parolen aufnahm und welche politischen Anschauungen es damit verband.[15] Das wird deutlich bei einem Unterschichtenprotest, der sich am 12.10.1794 ebenfalls in Altona ereignete. Bei einem Sozialprotest gegen den Altonaer Metzgermeister Lanz, der sich als Jakobiner ausgab und am Frankreichhandel gut verdiente, riefen die Protestierenden: „Es lebe Christian VII., wir wollen von keiner Gleichheit und Freiheit wissen, aber der Schlachter Lanz muss gleichgemacht werden."[16]

Es war ein Nachteil der Jakobinismusforschung, die Walter Grab angestoßen und für die er einen bedeutenden Kreis WissenschaftlerInnen gewonnen hatte, dass diese Forschung die Jakobinerbewegung lediglich unter ideengeschichtlichen Aspekten anging. Ergebnisse der Sozialgeschichte, die seit den 1970er Jahren das erkenntnisleitende Interesse bestimmten, wurden von der Jakobinerforschung weitgehend außer Acht gelassen. Es bildete sich in Folge gleichsam ein weiterer Zweig der Jakobinerforschung unter Leitung des Gießener Sozialhistorikers Helmut Berding, der die sozialen Unruhen in Deutschland während der Französischen Revolution

15 Ebd., S. 283 ff. (hier auch die Zitate).

16 Herzig, Arno: Der Sturm auf das Haus des Metzgermeisters Lanz 1794 in Altona. In: Helmut Reinalter (Hg.): Französische Revolution, Mitteleuropa und Italien. Frankfurt/M. u.a. 1992, S. 109-111.

auf regionaler Ebene untersuchte und die Bedeutung des Jakobinismus für den Unterschichtenprotest auslotete.[17] Auf einer Konferenz, die im September 1987 in Gießen stattfand, tauschten 14 WissenschaftlerInnen ihre Forschungsergebnisse aus. Die TeilnehmerInnen der Konferenz versuchten zu klären, warum die Jakobiner trotz ihrer publizistischen Anstrengungen nicht mit dem „Volk“ zusammenfanden. Im Ergebnis war man sich hier einig, dass die zahlreichen Proteste der 1790er Jahre zwar unter dem Einfluss der Französischen Revolution standen, die Proteste aber weitgehend einen defensiven Charakter hatten und auf die Beseitigung konkreter Missstände abzielten. Es waren in der Regel Proteste des Type Ancien, die die bestehende Ordnung nicht grundsätzlich infrage stellten und im Hinblick auf eine Veränderung ihrer sozialen Situation auf den Monarchen hofften. Den Protesten fehlte fast ausschließlich ein in die Zukunft weisendes Programm. Die schmale Schicht der Gebildeten vermochte mit ihren akademischen Ideen nicht die breiten Massen zu gewinnen, auch wenn die Protestierenden französische Konkarden trugen oder Parolen der Französischen Revolution riefen.[18] Walter Grab hat sich mit diesem Phänomen nicht weiter auseinandergesetzt und auch an der Gießener Konferenz nicht teilgenommen. Auf der Hamburger Tagung anlässlich der 200-Jahr-Feier der Französischen Revolution im Mai 1989 wurden von Helmut Berding seine Forschungsergebnisse vorgestellt, aber in der Diskussion ist Walter Grab nicht darauf eingegangen.[19]

Ein weiteres Forschungsfeld Walter Grabs, auf das ich hier kurz eingehen möchte und auf dem wir ebenfalls nicht übereinstimmten, ist die Emanzipation der Juden in Deutschland.[20] Für Walter Grab war es nur in den Ländern zu einer echten Emanzipation der Juden gekommen, in denen eine Revolution gelungen war und es dadurch zu einer demokratischen Ordnung kam, die allen Bürgern volle Gleichberechtigung gewährte. Dies gilt nach seiner Auffassung für England, Holland, die USA und Frankreich. In Deutschland und Österreich dagegen misslangen bis 1918 alle Versuche, dem auf Volkssouveränität beruhenden demokratischen Prinzip zum Siege zu verhelfen. Alle Zugeständnisse an Juden, so Walter Grab, wurden nur aus taktischen Gründen gemacht. Der Protestantismus

17 Berding, Helmut (Hg.): Soziale Unruhen in Deutschland während der Französischen Revolution, Göttingen 1988.

18 Berding, Helmut: Soziale Protestbewegungen in Deutschland zur Zeit der Französischen Revolution. In: Reinalter (Hg.), S. 93-107, S. 98.

19 Berding, Helmut: Französische Revolution und sozialer Protest. In: Herzig/Stephan/Winter (Hg.), S. 415-430.

20 Grab, Lebensweg, S. 140.

als Staatsreligion verhinderte Juden bis 1918 den Aufstieg im Staatsapparat, an den Universitäten, im Heer und in der Justiz. Diese Feststellung Grabs trifft sicher zu, doch unterbewertet er meiner Ansicht nach hier die Leistungen der deutschen Juden, die gegen den Staat und die Gesellschaft ihre – wenn auch eingeschränkte – Emanzipation und Akkulturation durchsetzten.[21]

Im Hinblick auf die Emanzipation der Juden gibt es eine Verbindung von Jakobinismus und Emanzipation, auf die Walter Grab einmal kurz eingeht, sie aber nicht weiterverfolgt. Im Zusammenhang mit dem Jakobiner Heinrich Würzer erwähnt er kurz, dass Würzer nach 1815 als Leiter eines Jungeninternats in Hamburg Gabriel Riessers Lehrer gewesen sei.[22] Riesser war der bedeutendste jüdische Politiker des 19. Jahrhunderts, der durch seine Schriften und seine politische Tätigkeit als Abgeordneter der Paulskirche die Emanzipation der Juden in Deutschland wesentlich mit herbeigeführt hat. Walter Grab betont, dass Würzer „wesentlichen Einfluss auf den jungen Riesser (nahm), der sich zum Vorkämpfer für die jüdische Emanzipation in Deutschland entwickelte“. Leider führt Walter Grab in diesem Zusammenhang nicht weiter aus, welche jakobinischen Ideen Würzer Riesser vermittelt hat, die dieser dann in seinem Kampf um die Emanzipation einsetzen sollte. Dies war einmal die Forderung nach einer Trennung von Kirche und Staat als Voraussetzung für einen säkularen Staat; denn nur in diesem war nach Riessers Ansicht eine Emanzipation der Juden möglich. Zum anderen kämpfte Riesser wie Würzer gegen die „feudale Demut“. Riesser blieb mit seinem Lehrer Würzer bis zu dessen Tod (1834) in Kontakt.[23] Zumindest für Hamburg setzte sich Riesser mit seinen Emanzipationsvorstellungen durch. Am 17.10.1860 ernannte ihn der Hamburger Senat zum Obergerichtsrat und damit zum ersten jüdischen Richter in Deutschland. Wie Riesser 10 Tage später in einem Brief schrieb, sah er „die große Sache der Religionsfreiheit“ durch diesen Vorgang (seine Ernennung zum Richter) gefördert.[24]

Preußen war allerdings noch nicht so weit. Es wäre interessant gewesen, diesen Aspekt auf der Hamburger Tagung vom 15. bis zum 17.5.1998 zu diskutieren, die aus Anlass der 150-Jahr-Feier der 48er Revolution stattfand. Leider konnte Walter Grab aus gesundheitlichen Gründen an dieser Konferenz nicht mehr teilnehmen; doch schickte er seinen Tagungsbeitrag

---

21 Grab, Ein Volk, S. 386.

22 Ebd.

23 Herzig, Arno: Gabriel Riesser, Hamburg 2008, S. 54 f.

24 Ebd, S. 154.

zum Thema „Über Ursachen und Folgen des Scheiterns der deutschen Revolution von 1848“, der auf der Tagung verlesen und im Tagungsband publiziert wurde.[25] In seinem Beitrag würdigt Walter Grab die jüdischen Revolutionäre Johann Jacoby und Stefan Born, erwähnt aber mit keinem Wort Gabriel Riesser, den er, wenn auch nicht expressis verbis, für das Scheitern der Revolution mit verantwortlich macht. Riesser hatte nicht dafür gekämpft, den alten Gewalten die Macht über das Militär streitig zu machen, sondern war als Delegierter der sogenannten Kaiserdeputation für einen gemäßigten Konstitutionalismus eingetreten. Nach dem abgelehnten Angebot an König Friedrich Wilhelm IV. hatte Riesser keine radikalen Gegenmittel gefordert, sondern sich entschieden gegen „Pöbelexzesse“, also Aufstände gegen die konterrevolutionären Maßnahmen ausgesprochen.

Auch an der Junghegelianer-Tagung, die Lars Lambrecht vom 26.3. bis 28.3.1998 in Hamburg ausgerichtet hatte, konnte Walter Grab aus gesundheitlichen Gründen nicht mehr teilnehmen. Der Tagungsband erschien allerdings erst 2003, also 3 Jahre nach Walter Grabs Tod. Doch enthält er seinen Beitrag über „Lebensweg und Forschungsergebnisse. Eine autobiographische Skizze“. Sie endet mit Grabs Teilnahme an einer Tagung im Oktober 1994. Mit 1994 schließen auch seine Lebenserinnerungen.

Auch wenn Walter Grab und ich in einigen wissenschaftlichen Ansichten differierten, kam es nie zu einer ernsthaften Auseinandersetzung oder gar zu einem Bruch. Walter Grab konnte in solchen Fällen ja sehr rigoros das Tischtuch zwischen sich und seinen Kollegen zerschneiden, wie das Beispiel des Innsbrucker Jakobinismusforschers Helmut Reinalter zeigt. Reinalter hatte schon früh Kontakt mit Walter Grab aufgenommen und bedeutende Ergebnisse für die Jakobinismusforschung erbracht. Doch irgendwann ist es zu Differenzen gekommen, über die Walter Grab in seinen Memoiren nur lapidar mitteilt: „Ich überwarf mich aber mit Reinalter.“[26] Reinalter hatte bereits 1988 vom 19. bis 23. Oktober im Kongresshaus in Innsbruck anlässlich der 200-Jahr-Feier der Französischen Revolution einen Kongress durchgeführt, an dem WissenschaftlerInnen aus ganz Europa teilnahmen.[27] Walter Grab war jedoch nicht eingeladen worden.

25 Grab, Walter: Ursachen und politische Folgen des Scheiterns der Deutschen Revolution von 1848. In: Beutin, Wolfgang/Hoppe, Wilfried/Kopitzsch, Franklin (Hg.): Die deutsche Revolution von 1848/49 und Norddeutschland, Frankfurt/M. 1999, S. 39-49.

26 Grab, Leben, S. 330.

27 Reinalter, Helmut: Vorwort. In: Reinalter (Hg.), S. 7 f.

Mit Walter Grab verband mich einmal das wissenschaftliche Interesse an den revolutionären 48ern, die aus dem Judentum kamen sowie an den geheimen Demokratiebewegungen im Vormärz und nach der Revolution von 1848. Im Zentrum stand dabei der jüdische Arzt Abraham Jacobi (1830 bis 1919), der Mitglied des Kommunistenbundes war und nach zweijähriger Haft in „preußischen Kachotten" (so die Formulierung von Engels) durch Marx und Engels vermittelt in die USA emigrierte und dort zu einem führenden Mediziner der Kinderheilkunde wurde. In der Festschrift zu Walter Grabs 60. Geburtstag (1979) hatte ich einen Beitrag über Abraham Jacobi beigesteuert, den ich dann später mit der Publikation von Jacobis Briefen erweitert hatte.[28] In seiner Rezension dieses Buches schreibt Walter Grab quasi als Quintessenz: „Es liegt im Interesse der historischen Wissenschaft, die demokratischen Freiheitskämpfer ins Zentrum der Betrachtung zu stellen, um die politische Bewusstseinsbildung zu vertiefen und Alternativen möglicher Entwicklung in Deutschland aufzuzeigen."[29] Es war unser gemeinsames Interesse, im jüdischen Umfeld nach dieser Tradition zu forschen. Bei unserem letzten Treffen anlässlich eines Besuchs in Tel Aviv am 24.3.1997 konnte ich ihm das Manuskript eines Aufsatzes über die Akkulturationsbestrebungen der Mitglieder des Berliner Culturvereins von 1821 überreichen, den ich ihm zum 80. Geburtstag widmen wollte. Er nahm dies freundlich zur Kenntnis und lobte unsere langjährige freundschaftliche Kollegenschaft. Dies ist meine letzte Erinnerung an ihn.[30]

Auch wenn wir, wie schon bemerkt, in einigen wissenschaftlichen Bereichen mit unseren Ansichten differierten, so verdanke ich Walter Grab zahlreiche Anregungen. Und so verstand ich es durchaus als Lob, wenn er mich in einer Rezension eines Buches von mir als „ständigen Mitarbeiter unseres Instituts für Deutsche Geschichte" bezeichnet. Meine wissenschaftlichen Kontakte zu diesem Institut galten allerdings eher meiner freundschaftlichen Verbindung mit Shlomo Na'aman (1912-1993). Doch die Gespräche mit Walter Grab, in denen er humorvoll und anekdotenreich von seinen zahlreichen Vorträgen und Bekanntschaften in aller Welt

28 Herzig, Arno: Abraham Jacobi. Die Entwicklung zum sozialistischen und revolutionären Demokraten. Briefe, Dokumente, Presseartikel (1848-1853), Minden 1980.

29 Grab, Walter: Rezension. In: Jahrbuch des Instituts für Deutsche Geschichte. Bd. XI (1982), S. 476-479, Zitat S. 479.

30 Herzig, Arno: Jüdische Akkulturationsvorstellungen im Vormärz. Für Walter Grab zum 80. Geburtstag. In: Forum Vormärz Forschung. Jahrbuch 1998, Bielefeld 1999, S. 63-70.

berichtete, machten ihn zu einem beliebten Gesprächspartner wie auch die Gastfreundschaft in seinem Haus. So erinnere ich mich an folgende Begebenheit: Als ich 1996 mit einigen KollegInnen anlässlich einer Carlebach-Konferenz bei einem Abendbummel durch Tel Aviv bei seinem Haus in der Gordon-Straße vorbeikam, dann kurz entschlossen bei ihm klingelte, wurden wir zu einem interessanten Gespräch eingeladen und von seiner Frau Ali gastlich bewirtet.

Grabs politische Ansichten standen in enger Beziehung zu seinen wissenschaftlichen Forschungen. Nach seinem Bruch mit dem Kommunismus engagierte er sich wie die Jakobiner für einen demokratischen Staat, in dem Meinungsfreiheit herrschen sollte. Seine „linke Position", die auch bei der Akzeptanz seiner Bekanntschaften eine wichtige Rolle spielte, hat er nicht aufgegeben und auch hier zählte er zu einer Minderheit, die sich für einen palästinensischen Staat einsetzte. Wie die deutschen Jakobiner befand er sich damit auf einsamem Posten, aber auf der richtigen Seite.

Napoleon and the Jews (1806–1808)

Alexander Grab, Orono[*]

The Revolutionary-Napoleonic years are known as the period of the First Emancipation in Jewish history.[1] The name originated in the legislation of the French National Assembly which declared all French Jews equal citizens in September 1791. It was the first time that a European government granted full citizenship to its Jewish population. Soon, Jewish Emancipation spread into other European areas and countries which were occupied by France.[2] And yet, granting the Jews equality under the Revolution did not end the debate on the "Jewish question" in France; the discussion on Jewish Emancipation, its meaning, significance, and consequences, and, particularly the relations between Jews and the Napoleonic state was renewed in 1806 and continued unabated for the next two years. Then, in 1808, Napoleon proclaimed four important decrees which aimed at integrating the Jewish population into the French Empire and assuring that Jews would recognize the preeminence of the French state and its civil law over their religious laws. Those laws included an exceptional and discriminatory legislation that marked a regress from the Revolutionary Emancipation. The following article will explore the Napoleonic Jewish policies and analyze the 1808 laws and their legacy.

I. Jews in Pre-Revolutionary France

On the eve of the French Revolution, the Jewish population in France amounted to about 40,000.[3] They were divided into four different groups which had limited contact among them:

---

* Alexander Grab is a Professor Emeritus at the University of Maine, Orono.

1 *S. Dubnow*, The History of the Jews. From Cromwell's Commonwealth to the Napoleonic Era (South Brunswick, N.J., 1971), Vol. IV, p. 503.

2 For a general discussion of Jews in Napoleonic Europe see, *S. Schwarzfuchs*, Napoleon, the Jews, and the Sanhedrin (London, 1979), pp. 143–163.

3 *T. Lentz*, Nouvelle Histoire du premier empire III. La France et L'Europe de Napoléon 1804–1814 (Paris, 2007), pp. 253–254.

1. Several hundred of Jews lived in Paris; 2. The *Sephardic* Jewish community in the South West; 3. Jews who lived in Papal Avignon and in Provence; 4. The *Ashkenazi* Jews in Alsace and Lorraine who constituted the bulk of the Jewish population in France. Under the Old Regime, Jews constituted a separate corporation with its own laws, self-governing bodies, as well as religious, educational, and charity institutions. They were able to practice their Judaism and run their lives according to their own laws (*halakha*). They had to pay a special tax to have the right to live in various communities and were subject to residential and occupational limits. Unable to be landowners and guild members, Jews were restricted primarily to commercial, peddling, and money lending activities.

Of all French Jews, the *Sephardic* Jews who lived in the South West (Bordeaux and Bayonne) and who originated from the *marranos*, were the most acculturated in their language, dress, and general culture. They were integrated into the general society and prosperous. The French court valued the economic usefulness of *Sephardic* thriving merchants and bankers and granted them residential and occupational privileges that Jews in Alsace did not possess. In 1776, King Louis XVI allowed them to live, trade, and buy property anywhere in France. The *Ashkenazi* Jews in Alsace, on the other hand, were subordinate to numerous restrictions; they had to pay discriminatory taxes, and most did not have the right live in Strasbourg. They spoke Yiddish and remained rather isolated from the surrounding society, except for engaging in economic transactions. Their main occupations included peddling, trading, and lending money to local peasants which frequently led to accusations of usury and pervasive enmity from the non-Jewish population.

II. The French Revolution

In the later part of the eighteenth century, Enlightenment thinkers began supporting the abolition of the discriminatory laws against the Jews and granting them equality with the rest of the populations. Christian Wilhelm von Dohm, a Prussian administrator and a friend of Moses Mendelssohn, and the French thinkers Count de Mirabeau, and Abbé Henri Grégoire rationalized that the hostile and discriminatory treatment of the Jews by the Christian society produced faulty Jewish character and unproductive Jews. They insisted that the only way to "regenerate" the Jews, namely to turn them into useful and productive citizens and to integrate them into the general society was to make them equal citizens free of any limitations. In sum, eliminating the hostile and bigoted environment in which the Jews lived would "improve them" and enable them to merge with the non-Jewish society around them. In 1781 Dohm published a long essay, entitled "*Über die bürgerliche Verbesserung der Juden*" (On the Civic Improvement of the Jews) where he elaborated on this idea. In 1787 Abbé Grégoire published a prize-winning essay entitled "*Essai sur la régéneration physique, morale, et politique des juifs*" (An essay on the Physical, Moral, and Political Regeneration of the Jews) where he strongly supported granting equal rights to French Jews as a way to turn them into valuable citizens and integrate them into the French society.

The outbreak of the French Revolution and the proclamation of the *Declaration of Rights of Man and Citizen* by the National Assembly on 26 August 1789 did not translate into equal rights for French Jews immediately. Indeed, recognizing all French Jews as citizens came after a struggle and fierce debate in the Assembly for more than two years. On 24 December 1789 the Assembly granted civil and political rights to the Protestants but failed to extend the same rights to French Jews. Delegates from Alsace and Lorraine and conservative clergy were the principal opponents to Jewish equality. The *Sephardic* Jews in southern France reacted by dissociating themselves from the *Ashkenazi* Jews in eastern France and lobbied the Assembly successfully to vote in favor of granting them citizenship (28 January, 1790). Extending full citizenship to the *Ashkenazi* Jews in Alsace and Lorraine came, finally, twenty months later (28 September, 1791) when the National Assembly, shortly before its dispersal, declared the annulment of all adjournments, restrictions, and exceptions contained in preceding decrees, affecting individuals of the Jewish persuasion.[4] King Louis XVI signed this bill into law on 13 November. Jewish Emancipation would expand to Belgium, the Batavian Republic (Netherlands), and the Rhineland. The triumphs of Napoleon Bonaparte in northern Italy in 1796–97 marked the proclamation of equality for local Jewish communities and the abolition of occupational, residential, and political restrictions Jews were subject to under the Old Regime in the Italian Peninsula.[5] The most symbolic act of Jewish liberation in the Peninsula was the public smashing and burning of the gates of the Jewish ghetto in Venice (12 July,

4 The Emancipation of the Jews of France, in: Mendes-Flohr and Reinharz (eds.), The Jew in the Modern World: A Documentary History, 2nd edition, New York and Oxford, 1995, p. 118.

5 On Italian Jews during the *epoca francese* see, *A. Milano*, Storia degli ebrei in Italia, Turin, 1992, pp. 342–351; *F. della Peruta*, Gli ebrei nel Rosorgimento fra interdizioni ed emancipazione, in: Corrado Vivanti (ed.), Storia d'Italia. Annali 11. Gli ebrei in Italia, vol. 2: Dall' emancipazione a oggi, Turin, 1997, pp. 1135–1139.

1797),[6] the first ghetto ever established (1516). Soon, the Cisalpine and the Roman Sister Republics proclaimed their Jews equal citizens.

III. The Napoleonic Period

The Napoleonic authorities did not pay much attention to the Jews during the Consulate years (1800–1804). The Concordat between Napoleon and Pope Pius VII and the Organic Articles dealt only with Catholics and Protestants and did not extend to Judaism.[7] In his report on religions, Jean Étienne Potrtalis, the Minister of Religion, argued that the Jews formed less a religion than a people and that they viewed God himself as their only legislator. While the French Revolution marked a turning point in the modern history of French Jews, it did not settle the Jewish question and the debate would resume during the Imperial years.[8] Two topics ranked high in that discussion: first, the persistence of many Jews in the eastern departments in their customary commercial and money lending activities which seemed to refute the idea that granting them equality would transform and "regenerate" them. Second, the Emancipation removed their traditional communal autonomy and left them as the only religious group in France without a legally recognized organization. During the years 1806–1808, Napoleon sought to address both issues, exerting efforts to integrate the Jews into the French society.

In late January 1806, while passing through Strasbourg on his return to Paris from his victory at Austerlitz, Napoleon heard numerous complaints about usury practiced by Jewish money lenders in Alsace. During the Revolutionary period, many Alsatian peasants who purchased confiscated Church land and estates of *émigrés* by borrowing money from Jewish money lenders, were unable to pay their debts and risked losing their farms to Jewish creditors. Reacting to this financial crisis in Alsace, many local citizens accused Jews of practicing usury and of threatening to dispossess thousands of Alsatian cultivators.[9] The Alsatian protests had an impact on the Emperor who probably shared common anti-Jewish prejudices[10] and

---

6 *R. Calimani*, The Ghetto of Venice A History, New York, 1987, pp. 250–252.

7 *T. Lentz*, Le Grand Consulat 1799–1804, Paris, 1999, pp. 323–324.

8 *P. Hyman*, The Jews of Modern France, Berkeley, 1998, p. 37.

9 *P. Hyman*, The Emancipation of the Jews of Alsace Acculturation and Tradition in the Nineteenth Century, New Haven and London, 1991, p. 16.

10 *R. Anchel*, Napoléon et les juifs, Paris, 1928, pp. 62–64; *T. Lentz* (fn. 3), pp. 252–253.

had an aversion to money lending. Moreover, Napoleon feared anti-Jewish riots and social disorder. Those accusations coincided with the publication of an influential article, entitled *Sur les juifs*, in the *Mercure de France* by Louis Gabriel de Bonald, a leading royalist counter-revolutionary ideologue.[11] In it, Bonald denounced violently Jewish usurers and insisted that the Jews were un-assimilable into a Christian society and that the Revolution erred by granting them equality. He strongly advocated to abolish Jewish Emancipation.

To deal with the Alsatian protests in the short run, Napoleon decided to declare a temporary moratorium on debts owed to Jews in the eastern departments. It was designed to gain the support of Alsatian farmers, calm down the protests, and prevent possible anti-Jewish disturbances and disruption of law and order. The *Conseil d'État* was divided on this issue with some councilors arguing that suspending debts payment solely to Jews would violate their rights and deviate from French law. The Emperor remained undeterred and on 30 May 1806, proclaimed a decree imposing a one-year suspension of payment of debts by "husbandmen, not traders, of the departments of la Sarre, de la Roer, Mont Tonnerre, Upper and Lower Rhine, Rhine and Moselle and Vosges to Jews."[12] In 1807 the suspension was extended until the establishment of a definitive legislation.

The moratorium constituted only the first measure of Napoleon's Jewish policy. On 30 April 1806, in a meeting of the *Conseil d'État* Napoleon insisted that "it is necessary to consider the Jews as a nation and not a sect. It is a nation within a nation."[13] This was totally unacceptable to the French ruler who aspired to establish a strong central state and unity among all French citizens. On 30 May, 1806 he ordered to convoke an Assembly of French and Italian Jewish Notables, chosen among the wealthy and educated, in July in Paris to advise and assist him to achieve his goals of "regenerating" the Jews and integrating them into French society.[14] Napoleon stated that he wanted the Assembly to provide "their opinions as to the means they deem the fittest, to re-establish among their brethren the exercise of mechanical acts and useful professions in order to replace, by an

11 *B. Valade*, "Bonald", in: Tulard (ed.), Dictionnaire Napoléon, Paris, 1989, pp. 242–244.

12 Imperial Decree calling for an Assembly of Jewish Notables (May 30, 1806), in: Flohr-Mendes and Reinharz (fn. 4), p. 124.

13 *P. Birnbaum*, L'aigle et la Synagogue Napoléon et les Juifs, Paris, 2007, p. 81; *S. Schwarzfuchs* (fn. 2), p. 27.

14 Imperial Decree calling for an Assembly of Jewish Notables (May 30, 1806), in: Flohr-Mendes and Reinharz (fn. 4), p. 123–124.

honest industry, the shameful resources to which many of them resorted, from generation to generation, these many centuries."[15] Two months later, on 22 July, Napoleon instructed his Interior Minister, Jean-Baptiste Champagny, how to run the Assembly's meetings and concluded by indicating the ultimate purpose of that body, "Our goal is to reconcile the faith of the Jews with the duties of the French and to render them useful citizens, it being resolved to remedy the harm many of them apply themselves to the great detriment of our subjects."[16] By convening the Assembly of Jewish Notables, Napoleon aimed at gaining the cooperation of Jewish leaders with his objectives, thereby eliminating any appearance of illegality of his reform policies and increasing the likelihood of an effective execution of his policies. Napoleon manipulated the Jewish delegates to believe that he consulted with them rather than impose his will on them, and that they played an important role in initiating the correct policies. He used the same method when he convened Italian, Swiss, and Spanish leaders (in Lyons in 1801–02, Paris in 1802–03, and Bayonne in 1808 respectively) in order to receive their approval of major political changes he introduced in their countries. In reality, the Jewish delegates came under pressure to issue decisions that would be compatible with the Emperor's goals. At the same time, it is undeniable that many of the secular Jewish Notables largely supported Napoleon's objectives.

On 26 July 1806, eighty-two Jewish notables from France and thirteen from the Italian departments annexed to France convened in Paris. Sixteen more representatives from the Kingdom of Italy arrived a few weeks later, bringing the total number of notables to 111.[17] The Napoleonic authorities submitted to the Assembly a list of twelve questions focusing on four important areas: Jewish marital law, Jewish feelings towards France and the French nation, the role of the rabbis, and money lending and usury. Prefacing the questions:, Count Mathieu-Molé, Napoleon's Commissioner, told the congregation: "thus you will prove that, following the example of all Frenchmen, you do not seclude yourselves from the rest of mankind… The wish of His Majesty is that you should be Frenchmen; it remains with

15 Imperial Decree calling for an Assembly of Jewish Notables (May 30, 1806), in: Flohr-Mendes and Reinharz (fn. 4), p. 124.

16 *Napoléon Ier*, Correspondance de Napoléon Ier, publiée par ordre de l'Empereur Napoléon III (Paris, 1858), No. 10537, vol. 12, pp. 571–72.

17 On the Assembly see, *R. Anchel* (fn. 10), pp. 128-177; *B. Blumenkranz/A. Soboul*, Le Grand Sanhédrin de Napoléon, Paris, 1979; *L. Marcou*, Napoléon face aux Juifs, Paris, 2006, pp. 57–87, 127–131; *P. Birnbaum* (fn. 13), pp. 105–133; *S. Schwarzfuchs* (fn. 2), pp. 53–87; *P. Hyman* (fn. 8), pp. 40–43.

you to accept the proffered title, without forgetting that to prove unworthy of it, would be renouncing it altogether."[18] Ultimately, the questions concentrated on the relationship between Jewish religious law and French civil law, aiming to explore the nature of Jewish identity in a modern society and compel them to declare that their loyalty to the French state and their patriotic duties superseded their adherence to Jewish religious rules.

In answering the questions,[19] the delegates accepted the supremacy of the French law in civil and political matters. They acknowledged enthusiastically France as their homeland and Frenchmen as their brothers and expressed their readiness to defend France "to the death." They viewed their rabbis as merely spiritual leaders whose authority was limited to religious matters and who had no "police jurisdiction." As for marital issues, the Assembly recognized that civil divorce preceded religious ruling. Delegates were sharply divided on acknowledging mixed marriage. Napoleon was highly interested in Jews accepting marriage between Jews and non-Jews since this constituted a major step towards Jewish assimilation. The rabbis in the Assembly staunchly opposed it and would not give their blessing to such a unity although they consented that a Jew who married a Christian, on the basis of civil law, remained a Jew. Regarding money lending, the Assembly defended the concept of interest on commercial loans but added that it had to be moderate and non-usurious. The Assembly insisted that only a small number of Jews practiced usury and hence it was unjust to blame the entire community.

The responses provided a new definition of Jewish identity in the modern world, declaring that the Jews identified primarily with their fellow Frenchmen and not with Jews of other nations. Most significantly, they established that the Jews were no longer a nation. Yet, as his aide Count Mathieu-Louis Molé told the Assembly of Notables, the Emperor wanted to receive "a religious pledge for the strict adherence to the principles contained in your answers."[20] This could be secured, Napoleon believed, only through another assembly "still more dignified and more religious (where the answers) must find a place near the Talmud, and must acquire in the eyes of the Jews of all countries and of all ages the greatest possible author-

18 Napoleon's Instruction to the Assembly of Jewish Notables (July 29, 1806) in: Flohr-Mendes and Reinharz (fn. 4), p. 125. For a list of the questions see pp. 125–126.

19 Answers to Napoleon, in: Flohr-Mendes and Reinharz (fn. 4), pp. 128–133.

20 Summons for Convening the Parisian Sanhedrin (September 18, 1806), in: Flohr-Mendes and Reinharz (fn. 4), p. 134.

ity." And so, the Emperor convened a second Jewish gathering, naming it, rather ostentatiously, *Grand Sanhedrin*, in reference to the highly prestigious Jewish Supreme Court that proclaimed authoritative religious rules in Jerusalem during the ancient times. The *Grand Sanhedrin* consisted of seventy- one members (the same number as the ancient one), forty-five of whom, a clear majority, were rabbis. The Emperor intended the new *Sanhedrin* to possess the firm authority to lend a rabbinic sanction to the answers of the Assembly of Notables and transform them into religious law comparable to the authority of the Talmud.[21]

On 9 February 1807, the *Sanhedrin* convened in great pomp under the presidency of Rabbi David Sinzheim of Strasbourg, known for his patriotism and erudition. It consisted of French, Italian, and German representatives and held seven sessions before it adjourned a month later, on 9 March. The *Sanhedrin* sanctioned the Assembly's decisions: France alone had the Jews' complete loyalty; Jews had a greater affinity to their fellow Frenchmen than to Jews of other nations; rabbis possessed solely religious authority; and decisions of civil court were superior to religious court. Contrary to Napoleon's hopes, the *Sanhedrin* refused to sanction mixed marriage, although it confirmed that Jews who married Gentiles did not cease being Jews. The delegates urged Jewish engagement in "useful" vocations and denounced high rates of interest, although they did not forbid money lending altogether which was what Napoleon apparently had hoped for. And so, through an institution with a majority of rabbis Napoleon secured religious sanctioning of Jewish political loyalty and of the supremacy of the French law over the Jewish religious law in civil and political matters. He received assurances that Jews rejected, once and for all, their belonging to a separate nation. As Avraham Furtado, one of the most prominent Jewish leaders, declared "We no longer form a nation within a nation. France is our country. Jews, such today is your status: your obligations are outlined, your happiness is waiting."[22] The Assembly of Notables disbanded a month after the end of the *Sanhedrin*.

21 On the Grand Sanhedrin see *B. Blumenkranz/A. Soboul* (fn. 17); *R. Anchel* (fn. 10), pp. 187–252; *L. Marcou* (fn. 17), pp. 89–120; *P. Birnbaum* (fn. 13), pp. 133–152; *S. Schwarzfuchs* (fn. 2), pp. 88–102.

22 *H. Sachar*, The Course of Modern Jewish History, New York, 1977, p. 63.

IV. The Decrees of 1808

On 17 March 1808, a year after the dispersal of the *Sanhedrin* and the Assembly of Notables, the authorities proclaimed three decrees that dealt with organizing Jewish communities and economic practices of Jews. In July the authorities added a fourth decree. The long delay, of almost a year, in publishing the decrees was probably caused by lengthy discussions in the *Conseil d'État* and opposition by some of its members to Napoleon's activist plan to proclaim biased legislation designed to impede money lending and commerce practiced by Jews. They felt that targeting usurious practices by Jews only would violate the constitution.[23]

The first two decrees of 17 March 1808 reorganized the Jewish communities in the Empire.[24] The core of the reforms was the establishment of a hierarchical, centralized system of Consistories that came under the authority of the Ministry of Religion. This Consistorial organization replaced the old Jewish communities and was similar to the organization of the Protestant communities proclaimed in 1802. The decree created a regional Consistory in each department of at least 2000 Jewish inhabitants. Departments with fewer than 2000 Jews merged to form a Consistory. The Minister of Religion was in charge of preparing, in consultation with the central Consistory, the list of the Consistories. A board, consisting of one rabbi (and a second one if available) and three lay officials, ran the Consistories. The board members had to be older than thirty years old with no past lending activity. A committee of twenty-five notables, appointed by the Minister of Interior from among the richest and most respected Jews in the region, elected the board which had to be approved by the central government. The authorities assigned to the Consistories important functions, all stipulated in precise detail, aiming to preserve order and establish uniformity among the Jewish communities. The Consistories supervised the synagogues, controlled religious funds, and assured that rabbis complied with the *Sanhedrin's* decisions. No synagogue could be built anywhere in their region without their approval. To help "regenerate" the Jews, the Consistory leaders were ordered "to exhort, with all means possible, the Jews of the Consistory to practice useful professions (*profession utiles*), and report to the authorities those who did not have the proper means of existence." Finally, they had to provide the authorities with the annual number of Jewish conscripts in their region.

---

23 *S. Schwarzfuchs* (fn. 2), pp. 122–123.

24 Bulletin des lois de l'empire français, No. 3237, vol. 18, pp. 217–220 & 221–222.

At the head of the Consistorial system stood a central Consistory in Paris that was led by three rabbis and two lay officials. Napoleon himself selected the first members of the central Consistory from among the participants of the Assembly of Notables. The Emperor chose highly respected members: Rabbis Sintzheim, Segré, and Cologna and the lay officials Cerf Berr and Jacob Lazar. The central Consistory was authorized to coordinate the activities of the regional Consistories, assure that they execute the present regulations, and report to the authorities about violations of the laws. It confirmed the appointments of Consistorial rabbis and recommended to the government about the need to dismiss rabbis and lay members who disobeyed the rules.

The decree set up a three-tier hierarchy of rabbis: central Consistory, regional Consistories, and rabbis in small communities. Rabbis had to be naturalized French citizens or, in the case of the Kingdom of Italy, Italian citizens and know French or Italian and Hebrew. Significantly, the authorities viewed Rabbis not only as religious leaders but also as state representatives. Aside from teaching religion and the doctrine confirmed by the *Sanhedrin's* decisions, they needed to "remind (their flocks) obedience to the law in every circumstance." The decree stressed particularly the obligation to promote civic duties related to "the defense of the *patrie*," most notably the conscription law. At the time of enlistment, rabbis were ordered to exhort their communities to consider "military service as a sacred duty," and explain to conscripts that they were exempt from fulfilling the religious rules when the latter contradicted state law. As part of showing support for the government, rabbis had to recite prayers in support of the Emperor and his family. Finally, they had to celebrate weddings and perform divorce but only after they examined the certificate of the civil marriage or divorce. Salaries of rabbis were determined according to their hierarchical position and were paid by the Jewish communities. The Consistories were in charge of raising that amount with the consent and help of the authorities. Funds for other expenses were to be raised by the authorities at the request of the Consistories. A treasurer, appointed by the Consistories, collected the sums and paid the rabbis and other religious expenses. Having to pay their rabbis constituted a discrimination against the Jewish communities since the government paid the salaries of Christian clergy. The French state began paying rabbis' salaries only under Louis Philip.

Every Consistorial appointment required government ratification which gave the Napoleonic authorities a direct role in determining the Jewish leadership. As we saw, Napoleon chose the members of the first central Consistory. The Emperor was authorized to ratify the appointments, made by the Minister of Religion, of future members of the central Consistories as well as the boards of departmental Consistories. The Minister of Interior, with the help of the central Consistory and the prefects, appointed the committee of 25 Jewish notables. Building a new synagogue required an authorization by the *Conseil d'État* based on a report of the Minister of Religion and the opinion of the departmental Consistory, the central Consistory, and the prefect of the department concerned.

The Consistorial regulations were in harmony with Napoleon's goal of establishing a strong central rule and his intention to control the Jewish communities. The centralized organization and the need to obtain confirmation for any appointment went hand in hand with the overall Napoleonic political goals.[25] Moreover, the formation of the Consistories promoted modernization and integration of the Jewish communities. The state recognized Judaism as a religion equal to others. The relations between Jewish communities and the state became comparable with Catholics and Protestants[26] and in this sense the decree enhanced Jewish integration into French society. The new Consistories replaced the old autonomous Jewish communities of the Old Regime which were gone forever. Henceforth, all the communities in the French Empire were organized under a uniform structure and had to abide by an identical set of rules. The Consistories served as the linchpin in the new relationship between the state and its Jewish citizens. They were responsible for maintaining order, passing governmental regulations to their communities and enforcing them, and supplying information about Jewish citizens to the authorities. Consistorial rabbis and lay officials became in large part representatives of the Napoleonic state. The Emancipation eliminated the corporate structure of the Jewish communities and weakened the traditional role of the rabbis. Napoleon confirmed the Emancipation and the fact that Jews were equal citizens, yet by erecting the Consistories, he gave the Jewish leaders new responsibilities and authority in the new institutions, thereby attaching them to his government and giving them a stake in the new system. From the perspective of the state, the most important role of the rabbis was to help in turning Jews into full-fledged citizens of a modern French state and assuring that they fulfilled their civic duties. Practicing "useful professions" and serving loyally in the army constituted the two most important duties Jews had to fulfill to prove that they, indeed, became

25 *S. Schwarzfuchs* (fn. 2), p. 106.
26 *J. Godechot*, Les institutions de la France sous la révolution et l'empire, Paris, 1968, p. 727.

integrated into the French nation. The Napoleonic state compelled the Consistorial officers to exert every effort to assure that Jews accomplish those tasks and thus become faithful citizens of the state.

Before moving to the third decree of March 1808, I will present the fourth decree the government published four months later, on 20 July 1808, designed to achieve Jewish integration. The authorities required Jews to adopt private (*prénom*) and family names (*nom de famille*), a law the rest of the population had already adopted.[27] In the past many Jews had no family names and preferred to attach to their name their father's name and be called "X son (*Ben* or *Bar*) of Y" (as in Abraham Ben Moshe). This, however, caused many errors and confused the authorities when issuing conscription orders and imposing taxes. The government ordered Jews to choose names and register them in their *commune* within three months. The Consistories were responsible to assure that everybody carried out that order. They were punished if they chose unacceptable names. Generally, fulfilling this order went smoothly since many recognized the need for this reform.[28]

The third decree proclaimed on 17 March 1808 aimed first and foremost at suppressing money lending and commercial activities by Jewish citizens. It included discriminatory legislation not only regarding their economic activities but on their residential and conscription rights as well.[29] The decree annulled, diminished, or postponed payments of debts to Jewish creditors. It nullified debts owed to Jews by minors, wives, and soldiers without the consent of their guardians, husbands, and officers respectively. Moreover, before the loans were to be paid back, Jewish lenders had to prove that they had given the full amount of money to the debtor, clearly, "mission impossible." Debts bearing an interest of more than five percent were reduced while loans carrying an interest higher than ten percent were cancelled. The decree then went on to place strict limits on Jewish commercial activities. It required Jews, who wanted to pursue a commercial activity, to obtain a license from the prefect, a confirmation from the concerned municipality that the applicant never practiced usury or illegal business, and a reference from the Consistory attesting to his good conduct and integrity. The license needed to be renewed annually and could be revoked if the licensed Jew engaged in usury or fraudulent

27 Bulletin des lois de L'empire française, No. 3589, vol. 9, pp. 27–28.

28 *S. Schwarzfuchs* (fn. 2), p. 128.

29 The "Infamous Decree" (March 17, 1808), in: Flohr-Mendes and Reinharz (fn. 4), pp. 139–141.

business. Any commercial activity by an unlicensed Jew was null and void. Jews were prohibited to lend money to servants or employees unless the contract would be drawn up by a notary who would be present when the entire sum was handed over. In an attempt to limit the number of Jews in Alsace, the decree forbade Jews to settle in the departments of Haut and Bas-Rhin. Foreign Jews could move into the Empire only if they intended to purchase land and practice agriculture. In sum, Napoleon initiated every step he believed would punish and deter Jews from engaging with money lending, peddling, and commerce and replacing them with "productive" occupations like agriculture and industry. The authorities also forbade Jewish conscripts to find replacements, a right every French had, and "consequently, every Jewish conscript shall be subject to personal service." The Emperor believed that military service would strengthen Jewish identification with France. In September 1808 a ministerial circular asserted: "Military service if one of the most effective means to modify the Jews of France and model them on the rest of the citizens."[30] However, Napoleon introduced two concessions. First, the exceptional provisions were not meant to last forever but merely for ten years, "in the hope that, at the end of this period... there will be no longer any difference between them and the other citizens of the Empire." However, if those expectations remained unfulfilled, the rules would continue as long as necessary. Another concession specified that the limits on the Jews did not encompass all of them. *Sephardic* Jews who lived in Bordeaux and the departments of Gironde and Landes were exempt since they had not "caused any complaints and have not ever devoted themselves to illicit trade." Once again, as under the Old Regime, *Sephardic* Jews received favored treatment vis-à-vis their brethren, the *Ashkenazi* Jews. Obviously, this differentiation was designed not only to reward the *Sephardic* communities for being "good citizens" but primarily to motivate other Jews to imitate them and cease their "illicit trade."

The decree reflected Napoleon's convictions that practicing money lending and commerce constituted the main causes which prevented Jewish integration. He hoped that the Assembly and the *Sanhedrin* would forbid money lending and discourage commercial activities by Jews, yet this did not happen. With no such explicit ruling, Napoleon decided to intervene and proclaimed harsh and discriminatory legislation that violated the French constitution and his own Code Civil. Furthermore, it caused serious financial damage to numerous Jewish money lenders.

30 *R. Anchel* (fn. 10), p. 387.

Between one-half and three-fourths never received their loans back.[31] If the Consistorial system and regulations aimed at enhancing Jewish integration into the general society, initially, at least, this decree accomplished exactly the opposite. It constituted a regress from the Emancipation and equal citizenship instituted in 1791. It "unemancipated" the Jews by eliminating their basic residential and occupational rights as well as their conscription rights. Ironically, the occupational restrictions reversed the Old Regime discrimination; while in the pre-Revolutionary years, Jews were barred from possessing land and were restricted to commerce, peddling, and money lending, under Napoleon they were discouraged from and penalized for practicing commerce and money lending and were encouraged to become land owners and farmers. Moreover, as in the Old Regime, the decree divided the Jews into two distinct groups legally, the *Sephardic*, who remained equal citizens and the *Ashkenazi* who were deprived of their equal rights. Jews had, once again, the feeling of being persecuted and hence it is no wonder that they labeled this decree the "Infamous Decree" (*le decret infame*). In his multi volume work, The History of the Jews, Simon Dubnow (1860–1941), the most famous Jewish historian in the twentieth century, labelled Napoleon's legislation a coup d'etat against the Jews, accusing him of impoverishing many Jewish families and trampling on the basic articles of the constitution, "Instead of treating the ailing person" Dubnow insisted, "he was ordered beaten."[32] Instead of dealing with the bad transactions of a few Jews, he inflicted pain to the entire people. He dealt with the Jews like an enemy and caused humiliation and oppression to the Jews, concluded Dubnow.

And yet, it will be a mistake to limit the discussion on the Napoleonic Jewish policy to the discriminatory and harmful aspects of the "*decret infame.*" It must be emphasized that it exempted some of the Jewish communities of the restrictions and meant to be temporary. Soon after the proclamation of the new legislation, the central Consistory tried to lobby the authorities for its revocation. Jewish communities petitioned the government to abolish the limitations on their members, claiming that there were merely few money lenders among them and that many young Jewish men served in the army.[33] Within four months after the publication of the decree, the Napoleonic authorities revoked the limitations on the Jews of Paris (26 April, 1808), the Italian port of Livorno (16 June) and the depart-

31 *S. Schwarzfuchs* (fn. 2), p. 128.
32 *S. Dubnow* (fn. 1), p. 564.
33 *R. Anchel* (fn. 10), pp. 367–411.

ment of Basse Pyrénées (22 July). In the next few years, the authorities abolished the decree in more departments. In 1812 Napoleon allowed Jewish conscripts to find replacements, although substitutes had to be Jews. Here, we need to add, that Napoleon brought Jewish Emancipation to other countries, including the Italian Peninsula[34] and German States. The most notable example was the newly created "model" state of Westphalia under his brother Jerome, the first German state where Jews became equal citizens.[35] Indeed, it is quite possible that had he survived in power for several more years, Napoleon would have revoked the "infamous decree" himself. As it turned out, Louis XVIII abolished it on 16 March 1818, ten years after its proclamation. In the final analysis, the Decree left no profound damaging effects beyond the decade of its duration.[36]

When issuing the moratorium decree in 1806 and the "Infamous Decree" in 1808, Napoleon was not stimulated by ideological principles but by pragmatic considerations of securing law and order.[37] He intended to reduce, if not altogether eliminate, money lending and commercial practices by Jews, thereby diminishing the antagonism towards them by non-Jewish borrowers that could have caused riots and disrupt public order. The new legislation seemed to have an impact: complaints against usury by Jewish lenders drastically decreased within fifteen years after the issuing of the 1808 decree. In 1823 the general council of the Bas-Rhin produced no protest against Jewish lenders while in the Haut-Rhin the number of grievances increasingly declined.[38] More significantly, Napoleon's Jewish policies were grounded in his political objectives of creating a powerful central state and unifying the French nation. From his perspective there was no room for a separate nation except the French nation. He wished to socialize, educate, "regenerate," and ultimately assimilate the Jews into the French nation, thereby providing a lasting solution to the problem of separate Jewish existence in the modern world.[39] He tolerated no opposition to his goals and was willing to break the law to achieve them. The Emancipation eliminated the corporate status and autonomy of the Jewish communities that characterized before the Revolution and

34 *A. Milano* (fn. 5), pp. 342–351.

35 *H. Berding*, Die Emanzipation der Juden im Königreich Westfalen (1807–1813), Archiv für Sozialgeschichte 23, 1983, pp. 23–50.

36 *R. Anchel* (fn. 10), p. 352.

37 *T. Lentz* (fn. 3), p. 258.

38 *J. Godechot*, "Juifs" in: Dictionnaire Napoléon (fn. 11), p. 989.

39 *T. Lentz* (fn. 3), pp. 258–259; *J. Godechot*, "Juifs" in: Dictionnaire Napoléon (fn. 11), p. 989; *S. Schwarzfuchs* (fn. 2), pp. 193–194.

posed a dilemma for the Jews; they had to decide whether they viewed themselves first as French (or Germans, or Italians, etc.) or first as Jews. Through the convening of the Assembly and the *Sanhedrin*, reorganizing the Jewish communities, placing them on equal footing with Catholics and Protestants, and trying to "regenerate" them through the 1808 decrees, Napoleon forced French Jews to solve that dilemma by choosing assimilation into French society. Indeed, the Napoleonic regime launched an assimilatory model that would serve not only French Jews but also Jews in other western and central European countries throughout the nineteenth century and into the twentieth century. This was the long-term significant legacy of the Napoleonic Jewish policy.

Herausforderungen der Demokratie im Kontext der europäischen Integration – ein Essay

*Andreas Grimmel, Hamburg**

In den 1960er Jahren, in denen Walter Grab im Europa-Kolleg wohnte, befand sich das Projekt der europäischen Integration noch in seinen Anfängen, und es war nicht absehbar, wohin der Weg der Einigung Europas führen würde. Und mehr noch, es war sogar das ausdrückliche Ziel des europäischen Integrationsprozesses, kein klar umrissenes Ziel zu haben. Umso deutlicher war jedoch die Absicht, mittels der Schaffung einer „immer engeren Union" Sicherheit und Frieden zu bewahren und Wohlstand zu schaffen. Dass dies nur innerhalb demokratischer und solidarischer Strukturen erreichbar sein würde, war zwischen Föderalisten wie auch Funktionalisten – also den beiden großen integrationspolitischen Strömungen der damaligen Zeit – unbestritten. Demokratie war und ist fraglos eine Voraussetzung und ein Grundwert der europäischen Integration und der Europäischen Union (EU).

An Herausforderungen der Demokratie mangelt es derzeit gleichwohl nicht – weder im Kontext des Staates, noch im Kontext der EU. Dabei kommen die Herausforderungen, denen sich die Demokratie derzeit stellen muss, nicht in erster Linie von außen, sondern haben ihren Ursprung meist in den demokratisch verfassten Gesellschaften der Mitgliedstaaten selbst:

Populistische Politik, Democratic Backsliding (das Zurückfallen hinter bereits erreichte demokratische Standards), die Abkehr der Wähler/-innen von den Volksparteien, der Glaube an die Notwendigkeit nationaler Alleingänge und eine „we-first"-Politik, die immer härtere Abgrenzung von politischen Gruppen untereinander, der mangelnde demokratische Umgang im Diskurs miteinander, aber auch das sich ausbreitende Gefühl ungenügender Mitbestimmungsmöglichkeiten und eine generelle Skepsis gegenüber politischen Entscheidungsträgern; all dies sind Phänomene, die in den vergangenen Jahren innerhalb den Mitgliedstaaten der EU, also de-

* PD Dr Andreas Grimmel ist Forschungsdirektor des Europa-Kolleg Hamburg – Institute for European Integration und Privatdozent und wissenschaftlicher Mitarbeiter am Institut für Politikwissenschaft der Universität Hamburg.

mokratisch verfassten Gesellschaften, entstanden sind und die zunehmend den gemeinsamen europäisch-politischen Alltag prägen.

Walter Grab hätte sicherlich vor dem Hintergrund seiner Forschung zur Demokratie wichtige Akzente in der derzeitigen Debatte setzen können. Ganz besonders ist hierbei an seine Arbeiten zur Französischen Revolution zu denken, wobei die damit verbundenen politischen Umbrüche als entscheidende Wegmarke im Prozess der Demokratisierung Europas gesehen werden können und deren rückblickende Analyse somit wichtige Einsichten in die aktuellen Problemlagen ermöglicht.

Doch ist die Demokratie heute nicht nur von innen, sondern auch von außen unter Druck geraten. So hat der wirtschaftliche Erfolg Chinas gezeigt, dass die Strukturen, auf denen die Demokratie aufbaut – seien es rechtsstaatliche Prinzipien oder aber ein pluralistisches Gesellschaftsmodell – nicht mit ökonomischem Erfolg und politischer Macht gleichzusetzen sind. Teilweise werden eben diese Strukturen sogar als hinderlich wahrgenommen, weil Entscheidungen länger brauchen und in der Regel Kompromisse geschlossen werden müssen, die nicht immer im Sinne der Vergrößerung der eigenen Gestaltungsmacht in den internationalen Beziehungen wirken. Gerade wenn es also um realpolitische „Great Power Politics" (John Mearsheimer) geht und Politik zunehmend daran gemessen wird, welchen Einfluss sie in den internationalen Beziehungen erreichen kann, scheint der Demokratie eine konsequentialistische Versuchung entgegenzustehen.

In Europa hat all dies unlängst zu einem bedenklichen Hinterfragen demokratischer Grundprinzipien geführt. Zu unflexibel und wenig zeitgemäß sei die Demokratie westlichen Zuschnitts, um in einer Welt Schritt zu halten, in der die globale Vernetzung immer schnellere Innovationen fordert und etwa Datenschutz oder Schutz der Privatheit nicht selten als überkommene Relikte angesehen werden, weil sie Hindernisse eben diesen technologisch-gesellschaftlichen Wandels seien.

Mit anderen Worten, wir erleben derzeit eine geradezu paradoxe Gleichzeitigkeit: Zum einen, die Hinwendung zu nationalen Lösungen und zum Bilateralismus, wobei der Nationalstaat gerade auch in der EU eine seltsame Renaissance erfährt; zum anderen, der ungebrochene Trend zu De-Nationalisierung und Globalisierung, die den Staat zumindest insofern als veraltet erscheinen lässt, zumal die politischen, rechtlichen und wirtschaftlichen Weichenstellungen nur selten noch an den Grenzen des Staates halt machen können. Die Debatte um die Auswirkungen des Klimawandels und wie man ihnen gemeinsam begegnen kann, oder auch die Coronavirus-Pandemie mögen stellvertretend für die vielen anderen

Herausforderungen stehen, deren Lösungen der einzelne Staat per Definition nicht länger bereitstellen kann.

Für die Demokratie und ihre Strukturen ist dies eine doppelte Belastungsprobe. Denn sie muss sich von ihrer Bindung an Staatlichkeit zunehmend lösen, um den Entwicklungen, mit denen sie sich konfrontiert sieht, gerecht zu werden. Zugleich gibt es aber auch einen offensichtlichen Reflex demokratisch verfasster Staaten, sich als einzigen und wahren Rückzugsort für demokratisches Entscheiden in Stellung zu bringen und in eben ihrer Staatlichkeit als Alternative und Gegenmodell zu einer unübersichtlichen und im Wandel befindlichen Welt der Möglichkeiten und Risiken zu präsentieren. Doch genau dieses Versprechen kann und darf die Demokratie letztlich nicht einlösen, weil sie unabhängig vom Staat zu denken ist.

Doch wie lässt sich dieser Zwiespalt überkommen, in den sich die demokratisch verfasste Staatlichkeit – geradezu leichtsinnig – hineinmanövriert hat? Wie lässt sich die paradoxe Gleichzeitigkeit aus Loslösung von und Hinwendung zu staatlichen Strukturen überkommen? Und wie ließen sich wenigstens einige der Folgen auflösen, die aus der Verhaftung der Demokratie im Staat resultieren?

An diesem Punkt lohnt mehr denn je ein Blick auf die EU, auf ihre Anfangsgründe und ihre Entwicklung. Warum gerade auf die EU, mag man fragen? Denn, ist es nicht gerade die EU, die derzeit von einer Krise in die nächste stolpert, ohne dabei durch ein effektives Krisenmanagement oder besonders demokratische Lösungsansätze aufzufallen? Und ist es nicht gerade auch die EU, die seit ihrer Gründung mit dem Vorwurf konfrontiert wird, sie leide an einem Demokratie- und Öffentlichkeitsdefizit und höhle bestehende demokratische Strukturen aus, indem sie eine zunehmend bürger/-innenferne Veranstaltung, eine Technokratie von politischen und ökonomischen Eliten sei, die im „Raumschiff Brüssel"[1] längst die Rückbindung an lebensweltlichen Realitäten verloren habe?

Diesen verbreiteten Annahmen möchte ich eine andere These entgegenstellen: Nämlich, dass das Projekt der europäischen Integration weiterhin ein entscheidender Schritt hin zu der Etablierung postnationaler demokratischer Politik, Rechtsstaatlichkeit und einem umfassenden verständigungs- und problemorientieren gesellschaftlichen Diskurs diesseits und jenseits des Staates darstellt. Hierin ist sie noch immer ein Novum im Vergleich zu anderen regionalen und internationalen Zusammenschlüs-

1 *A. Oldag/H.-M. Tillack*: Raumschiff Brüssel: Wie die Demokratie in Europa scheitert. Frankfurt a.M., 2003.

sen, die in der Regel weder den Anspruch auf besonders demokratische Strukturen haben, noch in ihrer Wirklichkeit postnationale Demokratie erproben. Bei aller Kritik an einer eurozentrischen Überhöhung der Erfahrung mit dem Integrationsprozess scheint es mir dennoch unstrittig zu sein, dass es der EU gelungen ist – trotz aller Widersprüchlichkeiten und Unzulänglichkeiten, die sie zweifellos auszeichnet – nicht nur Frieden und Wohlstand in Europa zu sichern, sondern auch einen Weg aus dem eben skizzierten Zwiespalt demokratischer Gesellschaften zu weisen.

Es wäre jedoch ein Fehler, die demokratische Qualität der EU an den bestehenden Strukturen demokratisch verfasster Staaten zu messen, die in ihrer historischen Kontingenz nicht als Vorbild für die EU dienen können. Dies gilt sowohl in Hinblick auf ihre Input- wie auch ihre Output-Legitimation. Denn die EU ist kein Staat – nicht einmal einer „im Werden". Die Idee von Europa, wie sie in der EU ihre Institutionalisierung erfahren hat, ist es viel eher, eine „Gemeinschaft der vielen Gemeinschaften" zu sein – eine politische Gemeinschaft, eine Rechtsgemeinschaft, eine wirtschaftliche Gemeinschaft, eine Wertegemeinschaft.

Als eine solche vielgestaltige Gemeinschaft hat sie schrittweise im Kontext der Staatlichkeit ihrer Mitglieder bestehende Strukturen transformiert. Eine ihrer wichtigsten Errungenschaften ist dabei neben der Sicherung von Frieden und den ökonomischen Gewinnen des Binnenmarktes vor allem aber eines: Sie zeigt, dass Demokratie auch jenseits des Staates im Rahmen von Konstitutionalisierungsprozessen denkbar und vor allem machbar und praktizierbar ist. In dieser Funktion ist die EU tatsächlich „sui generis".

All das soll die Probleme nicht kleinreden, mit denen sich die EU derzeit konfrontiert sieht und die den Integrationsprozess auf die Probe stellen. Um es deutlich zu sagen, die EU muss derzeit Antworten auf fundamentale Herausforderungen finden, die sie mit ihren bestehenden, aber offensichtlich nur unzureichend effektiven Modellen des Krisenmanagements und eingespielten Handlungsweisen nicht beheben können wird. Die Summe der Krisen der letzten Jahre ist hierfür ein offensichtlicher Beleg: Die bereits realen und noch zu erwartenden Konsequenzen des Austritts Großbritanniens aus der EU, die Uneinigkeit und mangelnde Solidarität der europäischen Staaten in der Migrationspolitik und die weiterhin bestehende Gegenwart EU-feindlicher und populistischer Parteien im Europäischen Parlament, finanz- und realwirtschaftliche Verwerfungen in der Eurozone, die sich gerade auch im Nachgang der Coronavirus-Pandemie erneut verschärfen; all diese krisenhaften Entwicklungen und Herausforderungen verdeutlichen vor allem eines: dass die Idee und Praxis einer an mitgliedstaatlichen Interessen ausgerichteten, also intergouvernementalen und auf den Kosten-Nutzen-Erwägungen nationalstaatlicher Regierungen aufbauenden Europa-Politik kein Weg aus irgendeiner der derzeitigen Krisen ist und auch nicht sein kann. Denn es ist das Wesen von Krisen, dass diese kein „Win-Win-Game“ sind, in dem alle Teilnehmer mit Gewinnen rechnen können.

Demgegenüber ist es das Wesen der Demokratie, dass sie sich eben nicht an kurzfristigen Nutzenerwägungen ausrichten muss, sondern längerfristige und nachhaltige Lösungen suchen kann, die flüchtige Ertragserwartungen transzendieren. Wenn man also davon ausgeht, dass, einerseits, die derzeitigen Krisen nicht länger im nationalen Kontext hinreichend zu lösen sind und, andererseits, die Diagnose teilt, dass Krisen nicht wie durch eine unsichtbare, höhere Vernunft der egoistischen Rationalität von auf Eigennutz bedachten *homines oeconomici* aufgelöst werden, so kann nur die Demokratie selbst die Lösung für die derzeitigen Herausforderungen sein, mit denen sich auch die EU konfrontiert sieht.

Und um diese demokratische Fundierung der EU scheint es zunehmend schlecht zu stehen, wenn man etwa auf die bedenklichen Entdemokratisierungstendenzen in einigen Mitgliedstaaten oder auch den Aufstieg national-populistischer Parteien blickt. So braucht es, wie zu Beginn des Prozesses der Europäischen Einigung nach dem Zweiten Weltkrieg, wieder vor allem die Einsicht und Überzeugung, dass weder nationale Politik, noch ein auf die EU bezogener „methodologischer Nationalismus“ (Ulrich Beck) den Kern des Integrationsprozesses bilden können. Gerade diese Gewissheit scheint aber derzeit im Lichte mangelnder Solidarität unter den Mitgliedstaaten und einer bedenklichen „Rückbesinnung“ auf nationale Politik abhanden zu kommen.

Sicherlich ließe sich argumentieren, dass der Rückzug auf die nationale Politik, eine verständliche Reaktion auf Krisen ist, weil dadurch vermeintlich eine Übersichtlichkeit geschaffen wird, die Politik eben brauche, um ihre Entscheidungen zu vermitteln. Doch dieses Argument muss zu kurz greifen, weil es letztlich dezisionistisch ist, indem es den Staat als ideale Ebene der Politik und letztlich auch der Demokratie insinuiert. Die Idee von der europäischen Integration war jedoch aus guten Gründen eine andere – eine, in der der Staat nicht länger der Dreh- und Angelpunkt sein kann und auch nicht sein muss, sondern die leichtfertige Verengung der Demokratie auf Staatlichkeit aufgelöst wird. Jeder (wenn auch nur episodische) Rückfall in den Modus nationaler Politik ist zugleich ein Präzedenzfall, der diese Idee beschädigt. Dieser Tatsache muss man sich bewusst sein, wenn man differenzierte und flexible Lösungen, für die sich stellenden Herausforderungen fordert, die letztlich nur ein Zugeständnis an den Willen zur (National-)Staatlichkeit sein können.

Nur wenn es der EU durch *gemeinsame* Politik gelingt, die Krisen, die sie derzeit in Atem halten, durch eine zunehmend demokratische Politik aufzulösen und dabei nicht in den Reflex der nationalen Alleingänge und Egoismen zurückzufällt, ist und bleibt das Projekt der europäischen Integration der Erfolg, der es bisher war. Es wird die Arbeit von an der Demokratie forschenden Historikern wie Walter Grab sein, die Geschichte der EU eines Tages genau daran zu messen.

Schriftenverzeichnis Walter Grab

Bücher

1. Walter Grab, Demokratische Strömungen in Hamburg und Schleswig-Holstein zur Zeit der ersten Französischen Republik, Veröffentlichung des Vereins für hamburgische Geschichte, Bd. 21, Hans-Christians-Verlag, Hamburg 1966.
2. Walter Grab, Norddeutsche Jakobiner. Demokratische Bestrebungen zur Zeit der Französischen Revolution, Studien zur neueren Geschichte, Bd. 8, Europäische Verlagsanstalt, Frankfurt a. M. 1967.
3. Walter Grab, Noch ist Deutschland nicht verloren. Eine historisch-politische Analyse unterdrückter Lyrik von der Französischen Revolution bis zur Reichsgründung. Vorwort von Uwe Friesel, Carl Hanser Verlag, München 1970.
4. Walter Grab, Eroberung oder Befreiung? Deutsche Jakobiner und die Franzosenherrschaft im Rheinland 1792–1799, Schriften aus dem Karl-Marx-Haus, Heft 4, Trier 1971.
5. Walter Grab und Richard Löwenthal, Reden und Ansprachen zur Eröffnung des Instituts für Deutsche Geschichte an der Universität Tel Aviv 20 Oktober 1971, Tel Aviv University, Tel Aviv 1972.
6. Walter Grab, Noch ist Deutschland nicht verloren. Eine historisch-politische Analyse unterdrückter Lyrik von der Französischen Revolution bis zur Reichsgründung. Vorwort von Uwe Friesel, Erweiterte Neuauflage, dtv, München 1973.
7. Walter Grab, Leben und Werke norddeutscher Jakobiner, Deutsche revolutionäre Demokraten, Bd. 5, Metzlersche Verlagsbuchhandlung, Stuttgart 1973.
8. Walter Grab (Hrsg.), Die Französische Revolution. Eine Dokumentation, Nymphenburger Verlagshandlung, München 1973.
9. Walter Grab (Hrsg.), Die Debatte um die Französische Revolution. Unter Mitarbeit von Hilde Koplenig, Nymphenburger Verlagshandlung, München 1975.
10. Walter Grab, Germany and the Middle East 1835–1939, Nateev-Printing and Publishing, Tel Aviv 1975.
11. Walter Grab, Johann Jacobys Briefwechsel im Vormärz und in der Revolution von 1848/49, Internationale wissenschaftliche Korrespondenz

zur Geschichte der deutschen Arbeiterbewegung, v. 12, March 1976, Nr. 1, Berlin 1976.

12. Walter Grab, Friedrich von der Trenck, Scriptor Verlag, Kronberg/Ts. 1977.
13. Walter Grab (Hrsg.), Juden und jüdische Aspekte in der deutschen Arbeiterbewegung: 1848 – 1918, internationales Symposium, Dezember 1976, Nateev-Printing and Publishing, Tel Aviv 1977.
14. Walter Grab, Juden in der deutschen Arbeiterbewegung 1848–1918; ein Tagungsbericht, Berlin 1977.
15. Walter Grab, Ein Mann, der Marx Ideen gab, Droste, Düsseldorf 1979.
16. Walter Grab (Hrsg.), Freyheit oder Mordt und Todt. Revolutionsaufrufe deutscher Jakobiner., Wagenbach-Taschenbuch-Verlag, Berlin 1979.
17. *Imanuel Geiss und Julius H. Schoeps (Hrsg.), Revolution und Demokratie in Geschichte und Literatur: zum 60. Geburtstag von Walter Grab, unter Mitwirkung von Ludger Heid (mit Beiträgen von Walter Grab)Walter Braun Verlag, Duisburg 1979.*
18. Walter Grab, Noch ist Deutschland nicht verloren. Eine historisch-politische Analyse unterdrückter Lyrik von der Französischen Revolution bis zur Reichsgründung. Vorwort von Uwe Friesel, Oberbaum, Berlin 1980.
19. Walter Grab, Die Revolution von 1848. Eine Dokumentation, Nymphenburger Verlagshandlung, München 1980.
20. Walter Grab, Johann Jacobys Briefwechsel im Vormärz und in der Revolution von 1848/49, Selbstverlag Institut Kirche und Judentum, Berlin 1980.
21. Walter Grab, Radikale Lebensläufe. Von der bürgerlichen zur proletarischen Emanzipationsbewegung, Verlag Ästhetik und Kommunikation, Berlin 1980.
22. Walter Grab (Hrsg.), Deutsche Aufklärung und Judenemanzipation, internationales Symposium, Dezember 1979, Nateev-Printing and Publishing, Tel Aviv 1980.
23. Walter Grab, Heinrich Heine als politischer Dichter, Quelle und Meyer, Heidelberg 1982.
24. Walter Grab, Friedrich von der Trenck, Cornelsen Verlag, Berlin 1982.
25. Walter Grab (Hrsg.), Gegenseitige Einflüße deutscher und jüdischer Kultur von der Epoche der Aufklärung bis zur Weimarer Republik. Internationales Symposium, April 1982, Nateev-Printing and Publishing, Tel Aviv 1982.
26. Walter Grab und Julius H. Schoeps (Hrsg.), Juden im Vormärz und in der Revolution von 1848, Burg Verlag, 1983.

27. Walter Grab, Heinrich Heine als politischer Dichter, Büchergilde Gutenberg, Frankfurt a. M. 1984.
28. Walter Grab, Ein Volk muß seine Freiheit selbst erobern. Zur Geschichte des deutschen Jakobinismus, Büchergilde Gutenberg, Frankfurt a. M. 1984.
29. Walter Grab (Hrsg.), Jüdische Integration und Identität in Deutschland und Österreich: 1848 – 1918, internationales Symposium, April 1983, Nateev-Printing and Publishing, Tel Aviv 1984.
30. Tim Gidal, Walter Grab und Uriel Tal, Jews in Germany, from Roman times to the Weimar Republic. Juden in Deutschland, von den Tagen Roms bis zur Weimarer Epoche, Tel Aviv Beth Hatefutsothn 1984.
31. Walter Grab, Georg Büchner und die Revolution von 1848. Der Büchner-Essay von Wilhelm Schulz aus dem Jahre 1851. Unter Mitarbeit von Thomas Michael Mayer, Athenäum Verlag, Königstein/Ts. 1985.
32. *Jörn Garber und Hanno Schmitt (Hrsg.), Die bürgerliche Gesellschaft zwischen Demokratie und Diktatur: Festschrift zum 65. Geburtstag von Prof. Dr. Walter Grab, Verlag Arbeiterbewegung und Gesellschaftswissenschaften, Marburg 1985.*
33. Walter Grab und Julius H. Schoeps (Hrsg.), Juden in der Weimarer Republik, Verlag Sachsenheim, Stuttgart 1986.
34. Walter Grab (Hrsg.), Juden in der Weimarer Republik: internationales Symposium Oktober 1984, Nateev-Printing and Publishing, Tel Aviv 1986.
35. Walter Grab (Hrsg.), Juden in der deutschen Wissenschaft: internationales Symposium, April 1985, Nateev-Printing and Publishing, Tel Aviv 1986.
36. Walter Grab, Dr. Wilhelm Schulz aus Darmstadt, Weggefährte von Georg Büchner, Inspirator von Karl Marx, Büchergilde Gutenberg, Frankfurt a. M. 1987.
37. Walter Grab, Die jüdische Antwort auf den Zusammenbruch der deutschen Demokratie 1933. Überarbeiteter Text des am 23. März 1988 gehaltenen Vortrages, Gedenkstätte deutscher Widerstand, Berlin 1988.
38. Walter Grab (Hrsg.), Die Französische Revolution. Eine Dokumentation, Lübbe, Bergisch Gladbach 1989.
39. Walter Grab, Die Französische Revolution. Aufbruch zur Demokratie (zeitgleich auch in französischer, englischer, holländischer und italienischer Sprache), Parkland Verlagsgesellschaft, Stuttgart 1989.
40. Walter Grab und Julius H. Schoeps (Hrsg.), Juden in der Weimarer Republik, Burg Verlag, Bonn 1989.
41. Walter Grab, Die Französische Revolution. Aufbruch in die moderne Demokratie, 2. Auflage, Parkland Verlagsgesellschaft, Stuttgart 1990.

42. Walter Grab, Der deutsche Weg der Judenemanzipation 1789–1930, Piper Verlag, München 1991.
43. Walter Grab, Heinrich Heine als politischer Dichter, überarbeitete und erheblich erweiterte Ausgabe, Büchergilde Gutenberg, Frankfurt a. M. 1992.
44. Walter Grab, Nicht ohne Gegenwehr: Jüdische Reaktionen auf Hitler in der späten Weimarer Republik und nach '33., Polis 4, Hessische Landeszentrale für Politische Bildung, Wiesbaden 1993.
45. Walter Grab und Elfie Eckel (Hrsg.), Ernst Pollatschek, Die Kunst des Überlebens. Erinnerungen eines Wiener Juden 1938 – 1945, Donat, Bremen 1995.
46. Walter Grab und Wolfgang Neugebauer, Österreichische Freiheits- und Widerstandskämpfer, Picus Verlag, Wien 1996.
47. Walter Grab, Die Revolution von 1848/49: Eine Dokumentation, Reclam, Stuttgart 1998.
48. Walter Grab, Jakobinismus und Demokratie in Geschichte und Literatur, Forschungen zum Junghegelianismus. Quellenkunde, Umkreisforschung, Theorie, Wirkungsgeschichte, Band 2, Peter Lang, Frankfurt a. M. 1998.
49. Walter Grab und Julius H. Schoeps (Hrsg.), Juden in der Weimarer Republik, 2. veränderte Auflage, Primus Verlag, Darmstadt 1998.
50. Walter Grab und Julius H. Schoeps (Hrsg.), Juden in der Weimarer Republik. Skizzen und Porträts, 2. veränderte Auflage, Wissenschaftliche Buchgesellschaft 1998.
51. Walter Grab, Meine vier Leben: Gedächtniskünstler. Emigrant. Jakobinerforscher. Demokrat, Papyrossa Verlagsgesellschaft, Köln 1999.
52. Walter Grab, Zwei Seiten einer Medaille. Demokratische Revolution und Judenemanzipation, Papyrossa Verlagsgesellschaft, Köln 2000.
53. Walter Grab, Der deutsche Weg der Judenemanzipation 1789–1938, Piper Verlag, München 2002.

Aufsätze

1. Walter Grab, Clubs démocrates en Allemagne du Nord 1792/93, in: Annales historiques de la révolution française, No. 186, 1966, S. 523–546.
2. Walter Grab, Robespierre et le gouvernement révolutionnaire d' après la presse démocratique d'Allemagne du Nord, in: Actes du Colloque Robespierre (XII Congres International des Sciences historiques, 1965), Paris 1967, S. 95–106.

3. Walter Grab, La réaction de la population de Rhénanie face à l' occupation par les armées révolutionnaires françaises 1792/99, in: Actes du Colloque »Occupants-Occupes« (Ed. E. Jacquemyns), Institut de Sociologie, Université libre, Brüssel 1969, S. 119–137.
4. Walter Grab, Die Revolutionspropaganda der deutschen Jakobiner, 1792/93, in: Archiv für Sozialgeschichte, Bd. 9, Verlag für Literatur und Zeitgeschehen, Hannover 1969, S. 113–156.
5. Walter Grab, Eroberung oder Befreiung? Deutsche Jakobiner und die Franzosenherrschaft im Rheinland 1792–1799, in: Archiv für Sozialgeschichte, Bd. 10, Verlag für Literatur und Zeitgeschehen, Hannover 1970, S. 7–94.
6. Walter Grab, Die deutschen Jakobiner, in: Hans-Werner Engels (Hrsg.), Gedichte und Lieder deutscher Jakobiner, Deutsche revolutionäre Demokraten«, Bd. 1, Metzlersche Verlagsbuchhandlung, Stuttgart 1971, S. 7–35.
7. Walter Grab, Die deutschen Jakobiner, gekürzte und geänderte Fassung, in: Alfred Körner, Die Wiener Jakobiner (»Deutsche revolutionäre Demokraten«, Bd. 3), Metzlersche Verlagsbuchhandlung, Stuttgart 1972, S. 7–37.
8. Walter Grab, Von Mainz nach Hambach. Zur Kontinuität revolutionärer Bewegungen 1792–1832, in: Imanuel Geiss und Bernd-Jürgen Wendt (Hrsg.), Deutschland in der Weltpolitik des 19. und 20. Jahrhunderts. Festschrift zum 65. Geburtstag von Fritz Fischer, Düsseldorf 1973, S. 50–69.
9. Walter Grab, La discussion entre les démocrates Rebmann et Schütz sur la libération de l'Allemagne du joug féodal (1797–98), in: Actes du Colloque »Patriotisme et Nationalisme en Europe à l'époque de la Révolution française et du Napoléon« (XIII Congres International des Sciences historiques, 1970), Paris 1973, S. 143–159.
10. Walter Grab, Französische Revolution und deutsche Geschichtswissenschaft, in: Jahrbuch des Instituts für Deutsche Geschichte der Universität Tel Aviv Bd. 3, Tel Aviv 1974, S. 11–43.
11. Walter Grab, Eroberung oder Befreiung? Deutsche Jakobiner und die Franzosenherrschaft
    12.im Rheinland 1792–1799, Erweiterte Neuauflage, in: Studien zu Jakobinismus und Sozialismus, Hrsg. Hans Feiger, Dietz-Verlag, Bonn 1974, S. 1–102.
13. Walter Grab, Eulogius Schneider. Ein Weltbürger zwischen Mönchszelle und Guillotine, Demokratisch-revolutionäre Literatur in Deutschland: Jakobinismus. (Reihe: Gert Mattenklott und Klaus R.

Scherpe (Hrsg.), Literatur im historischen Prozeß, 3/1), Scriptor-Verlag, Kronberg/Ts. 1975, S. 61–138.

14. Walter Grab, Harro Harring. Revolutionsdichter und Odysseus der Freiheit, in: Demokratisch-revolutionäre Literatur in Deutschland: Vormärz. (Reihe: Gert Mattenklott und Klaus R. Scherpe (Hrsg.), Literatur und historischer Prozeß, 3/2), Scriptor-Verlag, Kronberg/Ts. 1975, S. 9–84.
15. Walter Grab, Friedrich Albert Langes Zeitung »Der Bote vom Niederrhein« und die Kontinuität demokratischer Strömungen in Deutschland, in: Joachim H. Knoll und Julius H. Schoeps (Hrsg.), Friedrich Albert Lange. Leben und Werk. Sonderband der »Duisburger Forschungen«, Duisburg 1975, S. 83–91.
16. Walter Grab, Die deutschen Jakobiner, in: kürbiskern, Heft 3/1975, S. 59–73.
17. Walter Grab, Wilhelm Friedrich Schulz (1797–1860). Ein bürgerlicher Vorkämpfer für politischen und sozialen Fortschritt, in: Otto Busch und Hans Herzfeld (Hrsg.), Die frühsozialistischen Bünde in der Geschichte der deutschen Arbeiterbewegung. Ein Tagungsbericht. Beiheft 2 der Internationalen Wissenschaftlichen Korrespondenz (IWK), Berlin 1975, S. 98–135.
18. Walter Grab, The Revolutionary Propaganda of the German Jacobins, in: Special Studies Series, No. 75, Council on International Studies, State University of New York in Buffalo (Ed. G. Iggers), 1975, S. 48–75.
19. Walter Grab, Johann Jacoby – Briefwechsel im Vormärz und in der Revolution von 1848/ 49, in: IWK, 12. Hg., März 1976, Heft l, S. 2–18.
20. Walter Grab, Saul Ascher, ein jüdisch-deutscher Spätaufklärer zwischen Revolution und Restauration., in: Jahrbuch des Instituts für Deutsche Geschichte der Universität Tel Aviv Bd. 6, Tel Aviv 1977, S. 131–179.
21. Walter Grab, Klassik und literarischer Jakobinismus. Ideale und Illusionen der deutschen Intelligenz im Zeitalter der Französischen Revolution, in: Goethe & Co. Traum und Wirklichkeit der deutschen Klassik, Duisburg 1978, S. 29–42.
22. Walter Grab, Die Kontroverse über die Menschenrechte in Deutschland im Zeitalter der Französischen Revolution, in: Gustav Stein (Hrsg.), Menschenrechte in Israel und Deutschland, Verlag Wissenschaft und Politik, Köln 1978, S. 27–39.
23. Walter Grab, Demokratische Freiheitskämpfer Österreichs im Zeitalter der Französischen Revolution, in: R. Urbach (Hrsg.), Wien und Europa zwischen den Revolutionen (1789–1848), 15. Wiener Europagespräch Verlag Jugend und Volk, Wien 1978, S. 54–71

24. Walter Grab, Der deutsche Jakobinismus, in: A. v. Reden-Dohna (Hrsg.), Deutschland und Italien im Zeitalter Napoleons Veröffentlichungen des Instituts für Europäische Geschichte, Mainz, Beiheft 5 (Deutsch-Italienisches Historikertreffen in Mainz, 29. Mai-1. Juni 1975), Wiesbaden 1979, S. 1–22.
25. Walter Grab, Deutscher Jakobinismus und jüdische Emanzipation, in: Beiheft 3 zum Jahrbuch des Instituts für Deutsche Geschichte, Tel Aviv 1980, S. 265–291.
26. Walter Grab, Zur Definition des mitteleuropäischen Jakobinismus, in: Otto Busch und Walter Grab (Hrsg.), Die demokratische Bewegung in Mitteleuropa im ausgehenden 18. und frühen 19. Jahrhundert. Ein Tagungsbericht. Einzelveröffentlichungen der Historischen Kommission zu Berlin Bd. 29, Berlin 1980, S. 3–22.
27. Walter Grab, Die Kontinuität der demokratischen Bestrebungen 1792–1848, in: Otto Busch und Walter Grab (Hrsg.), Die demokratische Bewegung in Mitteleuropa im ausgehenden 18. und frühen 19. Jahrhundert. Ein Tagungsbericht. Einzelveröffentlichungen der Historischen Kommission zu Berlin Bd. 29, Berlin 1980, S. 439–452.
28. Walter Grab, Johann Jacoby – Briefwechsel im Vormärz und in der Revolution von 1848/49, in: Peter von der Osten-Säcken (Hrsg.), Juden in Deutschland. Zur Geschichte einer Hoffnung. Historische Längsschnitte und Einzelstudien (Veröffentlichungen aus dem Institut Kirche und Judentum II), Berlin 1980, S. 149–168.
29. Walter Grab, Vanguard of Individual Terrorism. The German Students Revolt after the Congress of Vienna, in: Special Studies series, No. 133, Council on International Studies, State University of New York in Buffalo, 1980.
30. Walter Grab, Die deutsche Jakobinerbewegung, in: Helmut Berding und Hans-Peter Ullmann (Hrsg.), Deutschland zwischen Revolution und Restauration, Athenäum-Droste Taschenbücher Geschichte, Nr. 7240, Königstein/Ts. 1981, S. 208–227.
31. Walter Grab, Der hessische Demokrat Wilhelm Schulz und seine Schriften über Georg Büchner und Friedrich Ludwig Weidig, in: H. Gersch, Th. M. Mayer und G. Oesterle (Hrsg.), Georg Büchner-Jahrbuch, Bd. 2, Europäische Verlagsanstalt, Frankfurt a. M. 1982, S. 227–248.
32. Walter Grab, Heine und die deutsche Revolution von 1848, in: Wilhelm Gössmann und Joseph A. Kruse (Hrsg.), Der späte Heine 1848–1856, Literatur – Politik – Religion (Heinestudien), Hoffmann & Campe Verlag, Hamburg 1982, S. 147–173.

33. Walter Grab, Von Mainz nach Hambach. Zur Kontinuität revolutionärer Bewegungen 1792–1832, in: Willi Rothley und Manfred Geis (Hrsg.): Schon pflanzen sie frech die Freiheitsbäume. Zur 150. Wiederkehr des Hambacher Fests, Neustadt an der Weinstraße 1982, S. 11–30.
34. Walter Grab, Die revolutionäre Agitation und die Kerkerhaft Leopold Eichelbergs. Ein jüdisch-deutscher Demokrat im Umkreis Georg Büchners, in: Beiheft 4 zum Jahrbuch des Instituts für deutsche Geschichte, Tel Aviv 1983, S. 137–171.
35. Walter Grab, Französische Revolution und deutsche Geschichtswissenschaft, in: Jürgen Voß (Hrsg.), Deutschland und die Französische Revolution (Beihefte der Francia, hrsg. vom Deutschen Historischen Institut Paris, Bd. 12) München und Zürich 1983, S. 301–322.
36. Walter Grab, Der deutsch-jüdische Freiheitskämpfer Johann Jacoby, in: Walter Grab und Julius H. Schoeps (Hrsg.), Juden im Vormärz und in der Revolution von 1848. Burg-Verlag, Stuttgart und Bonn 1983, S. 352–374.
37. Walter Grab, Klassik und literarischer Jakobinismus. Ideale und Illusionen der deutschen Intelligenz im Zeitalter der Französischen Revolution, in: Michael Salewski (Hrsg.), Die Deutschen und die Revolution, Muster-Schmidt-Verlag Göttingen 1984, S. 128–153.
38. Walter Grab, The German way of Jewish emancipation, in: The Australian Journal of Politics and History, The University of Queensland Press, Brisbane, Vol. 30, Nr. 2, 1984, S. 224–235.
39. Walter Grab, Egon Erwin Kisch und das Judentum, in: Walter Grab und Julius H. Schoeps (Hrsg.), Juden in der Weimarer Republik, Beiheft 9 des Jahrbuchs des Instituts für Deutsche Geschichte, Burg-Verlag, Stuttgart und Bonn 1986, S. 218–243.
40. Walter Grab, Leistung und Funktion jüdischer Intellektueller in Deutschland (1840–1933), in: Zeitschrift für Religions- und Geistesgeschichte, 38. Jg. Heft 3, Köln 1986, S. 193–207.
41. Walter Grab, Wilhelm Friedrich Schulz (1797–1860). Ein bürgerlicher Vorkämpfer für politischen und sozialen Fortschritt, in japanischer Übersetzung, in: Bulletin of Dohto University, General Education, Nr. 6, 1987, S. 117–150.
42. Walter Grab, Die Jakobinerbewegung in den deutschen Teilstaaten, in: Die Französische Revolution 1789–1989. Revolutionstheorie heute. Marxistische Studien, Jahrbuch des Instituts für marxistische Studien und Forschungen, 14, Frankfurt 1988, S. 324–339.
43. Walter Grab, Aspekte der Judenemanzipation in Tagesliteratur und Publizistik 1848–1869, in: Hans Otto Horch und Horst Denkler (Hrsg.): Conditio Judaica. Judentum, Antisemitismus und deutsch-

sprachige Literatur vom 18. Jahrhundert bis zum Ersten Weltkrieg, Erster Teil, Niemeyer Verlag, Tübingen 1988, S. 284–30.

44. Walter Grab, Revolutionäre Strömungen im Vormärz und das Hambacher Fest, in: Jahrbuch der Hambach-Gesellschaft 1988, Neustadt an der Weinstraße 1988, S. 9–25.
45. Walter Grab, German democratic and revolutionary movements, 1815 -1848, in: John E. Weakland (Hrsg.), The International Journal of Social Education, Vol. 3, Number l, Spring 1988, Ball State University, Muncie, Indiana, pp. 34–48.
46. Walter Grab, Georg Büchners »Hessischer Landbote« im Kontext deutscher Revolutionsaufrufe 1791 bis 1848, in: Klaus Bohnen und Ernst-Ullrich Pinkert (Hrsg.), Georg Büchner im interkulturellen Dialog. Vorträge des Kolloquiums vom 30.9.-1.10.1987 in der Universität Aalborg. Text & Kontext, Sonderreihe Band 25, Wilhelm Fink Verlag Kopenhagen und München 1988, S. 51–71.
47. Walter Grab, Die ironische »Leichenpredigt« des Hamburger Jakobiners Heinrich Würzer auf den Tod König Friedrich Wilhelms II. von Preußen, in: Wilhelm Treue (Hrsg.), Geschichte als Aufgabe. Festschrift für Otto Busch zu seinem 60. Geburtstag, Colloquium Verlag Berlin 1988, S. 145–158.
48. Walter Grab, Französische Revolution und deutsche Geschichtswissenschaft, erweitert und ergänzt, in:: Freiheit, Gleichheit, Brüderlichkeit. 200 Jahre Französische Revolution in Deutschland, Germanistisches Nationalmuseum 24.6.-1.10.1989, Nürnberg, S. 41–58.
49. Walter Grab, Die norddeutschen Jakobiner als politische Erben Lessings, in: Arno Herzig, Inge Stephan, Hans G. Winter (Hrsg.): »Sie, und nicht Wir«. Die Französische Revolution und ihre Wirkung auf Norddeutschland und das Reich (2 Bände), Dölling und Galitz Verlag, Hamburg 1989, Bd. l, S. 107–129.
50. Walter Grab, Ernst Ludwig Koseritz, Wilhelm Schulz und Leopold Eichelberg: Revolutionäre Demokraten im Umkreis Georg Büchners, in: Büchner – Zeit – Geist, Zeitgenossen. Ringvorlesung im Wintersemester 86/87, zum 150. Todestag von Georg Büchner. Bd. 46 der Schriftenreihe Wissenschaft und Technik der Technischen Hochschule Darmstadt, 1989, S. 163–195.
51. Walter Grab, Zur Geschichte der deutschen Jakobiner, in: Die Ideen von 1789 in der deutschen Rezeption. Herausgegeben vom Forum für Philosophie Bad Homburg. Suhrkamp Taschenbuch Wissenschaft 798, Frankfurt a. M. 1989, S. 68–89.
52. Walter Grab, »Jüdischer Selbsthaß und jüdische Selbstachtung in der deutschen Literatur und Publizistik 1890–1933, in: Hans Otto Horch

und Horst Denkler (Hrsg.), Conditio Judaica. Judentum, Antisemitismus und deutschsprachige Literatur vom 18. Jahrhundert bis zum Ersten Weltkrieg, Zweiter Teil, Niemeyer Verlag, Tübingen 1989, S. 313–336.

53. Walter Grab, Ein Volk muß seine Freiheit selbst erobern – zur Geschichte der deutschen Jakobiner, in: Hans-Otto Mühleisen (Hrsg.): Die Französische Revolution und der deutsche Südwesten (Schriftenreihe der Katholischen Akademie der Erzdiözese Freiburg), Verlag Schnell & Steiner, Zürich und München 1989, S. 183–202.
54. Walter Grab, Sozialpropheten und Sündenböcke. Juden in der deutschen Arbeiterbewegung 1840 bis 1933, in: Julius H. Schoeps (Hrsg.): Juden als Träger bürgerli¬cher Kultur in Deutschland, Burg-Verlag Stuttgart-Bonn 1989, S. 357–378.
55. Walter Grab, Die Schaubühne als Tribunal. Die künstlerischen und politischen Konzeptionen des deutschen Jakobinertheaters, in: Tel Aviver Jahrbuch für deutsche Geschichte, Bd. 18, 1989, Universität Tel Aviv S. 109–127.
56. Walter Grab, Georg Büchners »Hessischer Landbote« im Kontext deutscher Revolutionsaufrufe 1791 bis 1848, in: Burghard Dedner und Günter Oesterle (Hrsg.), Zweites Internationales Georg Büchner Symposium 1987, Referate, Hain-Verlag, Frankfurt a. M. 1990, S. 65–83.
57. Walter Grab, Ferdinand Freiligrath als »Trompeter der Revolution« von 1848, in: Grabbe-Jahrbuch 9, Aisthesis-Verlag, Bielefeld 1990, S. 114–134.
58. Walter Grab, Revolutionsfreunde in Preußen im Zeitalter der Französischen Revolution, in: Otto Busch und Monika Neugebauer-Wölk (Hrsg.): Preußen und die revolutionäre Herausforderung seit 1789. Walter de Gruyter Verlag, Berlin 1991, S. 119–144.
59. Walter Grab, Obrigkeitliche und revolutionäre Formen der Judenemanzipation, in: Tel Aviver Jahrbuch für deutsche Geschichte, Bd. 20, 1991, Universität Tel Aviv S. 127–134.
60. Walter Grab, Stephan Born. Organisator der deutschen Arbeiterschaft in der Revolution von 1848, in: Ludger Heid und Arnold Paucker (Hrsg.), Juden und deutsche Arbeiterbewegung bis 1933. Soziale Utopien und religiös-kulturelle Traditionen, Verlag J.C.B. Mohr (Paul Siebeck), Tübingen 1992, S. 19–34.
61. Walter Grab, Der deutsche Jakobiner Andreas Riem und seine »Apologie für die unterdrückte Judenschaft in Deutschland«, in: Ludger Heid und Joachim H. Knoll (Hrsg.), Deutsch-jüdische Geschichte im 19. und 20. Jahrhundert (Festschrift zum 50. Geburtstag von Julius Schoeps), Burg-Verlag, Sachsenheim 1992, S. 63–83.

62. Walter Grab, Fichtes Judenfeindschaft, in: Zeitschrift für Religion- und Geistesgeschichte, 44. Jg., Heft l, Leiden 1992, S. 70–75.
63. Walter Grab, Der Kreis für fortschrittliche Kultur in Tel Aviv (1942–1946), in: Hans Otto Horch und Horst Denkler (Hrsg.): Conditio Judaica. Judentum, Antisemitismus und deutschsprachige Literatur vom Ersten Weltkrieg bis 1933/38, Dritter Teil, Niemeyer Verlag, Tübingen 1993, S. 398–414.
64. Walter Grab, Drei große Utopien der Menschheit: Christentum, Jakobinismus, Kommunismus, in: Karin Wilhelm (Hrsg.): Utopie heute? Ende eines menschheitsgeschichtlichen Topos? Passagen Verlag, Wien 1993, S. 17–40.
65. Walter Grab, Die Burschenschaften im Kontext nationalrevolutionärer Emanzipationsbewegungen anderer Länder 1815 bis 1825, in: Burghard Dedner (Hrsg.): Das Wartburgfest und die oppositionelle Bewegung in Hessen (Marburger Studien zur Literatur, Bd. 7), Hitzeroth Verlag, Marburg 1994, S. 11–29.
66. Walter Grab, Arnold Zweig im Spannungsfeld zwischen zionistischer Ideologie und deutschsprachiger antifaschistischer Publizistik, in: Arthur Thilo Alt u.a. (Hrsg.), Arnold Zweig - Berlin - Haifa - Berlin. Perspektive des Gesamtwerks (Akten des III. Internationalen Arnold-Zweig-Symposiums), Peter Lang Verlag, Frankfurt a. M. 1995, S. 77–88.
67. Walter Grab, Gottfried August Bürger als literarischer Wegbereiter und politischer Weggefährte des deutschen Jakobinismus, in: Gottfried August Bürger (1747–1794). Peter Lang Verlag, Frankfurt a. M. 1995, S. 9–23.
68. Walter Grab, Andreas Riems Weg vom Neologen zum Jakobiner, in: Gunter Härtung (Hrsg.): Außenseiter der Aufklärung. Peter Lang Verlag, Frankfurt a. M. 1995, S. 183 - 199.
69. Walter Grab, Johann Heinrich Voß in der Französischen Revolution, in: Wolfgang Beutin und Klaus Lüders (Hrsg.): Freiheit durch Aufklärung. Johann Heinrich Voß (1751–1826). Peter Lang Verlag, Frankfurt a. M. 1995, S. 17–33.
70. Walter Grab, Zwischen Obrigkeitsgehorsam und Revolutionsbejahung. Immanuel Kants Einstellung zur Französischen Revolution, in: Hommage à Kant. Kants Schrift »Zum ewigen Frieden«. Von Bockel Verlag, Hamburg 1996, S. 25–35.
71. Walter Grab, Die Leistungen der französischen Jakobiner im Entscheidungsjahr 1793/94, in: Hommage à Kant. Kants Schrift »Zum ewigen Frieden«. Von Bockel Verlag, Hamburg 1996, S. 37–56.

72. Walter Grab, Deutschnationale Vorurteile, Theodor Bergmann, Mario Kessler, Joost Kircz und Gert Schäfer (Hrsg.), Zwischen Utopie und Kritik. Friedrich Engels – ein »Klassiker« nach 100 Jahren. VSA-Verlag, Hamburg 1996, S. 118–123.
73. Walter Grab, Der norddeutsche Demokrat Johann Friedrich Ernst Albrecht (1752–1814), in: Erich Donnert (Hrsg.), Europa in der frühen Neuzeit. Festschrift für Günter Muhlpfordt. Bd. 2, Frühmoderne, Böhlau Verlag, Weimar, Köln, Wien 1997, S. 431–438.
74. Walter Grab, Theodor Lessings Kampf gegen den antisemitischen Nationalismus in Deutschland, in: Jörg Wollenberg (Hrsg.): Theodor Lessing, Wir machen nicht mit! Schriften gegen den Nationalismus und zur Judenfrage. Donat Verlag, Bremen 1997, S. 9–18.
75. Walter Grab, Einleitung zur »Apologie für die unterdrückte Judenschaft in Deutschland« von Andreas Riem, in: Conditio Judaica, 25. Studien und Quellen zur deutsch-jüdischen Literatur und Kulturgeschichte, hrsg. von Hans Otto Horch, Niemeyer Verlag, Tübingen 1998, S. 1–37.
76. Walter Grab, Jüdische Aspekte in den Dichtungen Heinrich Heines, in: Dolf Oehler und Karin Hempel-Soos (Hrsg.), »Dichter unbekannt«. Heine lesen heute, Bouvier Verlag, Bonn 1998, S. 55–67.

Printexemplare in internationalen Bibliotheken (Auswahl)

Basierend auf der WorldCat Datenbank

Basierend auf der WorldCat Datenbank

- Walter Grab, Demokratische Strömungen in Hamburg und Schleswig-Holstein zur Zeit der ersten Französischen Republik, Veröffentlichung des Vereins für hamburgische Geschichte, Bd. 21, Hans-Christians-Verlag, Hamburg 1966.
  → geführt in mindestens 102 zentralen Bibliotheken, darunter die:
    - National Library of Israel, Library of Congress/Washington D.C., Cambridge University Library, University of Oxford, Bibliothèque nationale de France, Biblioteca nazionale centrale di Roma, Koninklijke Bibliotheek Den Haag, National Library of Australia

- Walter Grab, Norddeutsche Jakobiner. Demokratische Bestrebungen zur Zeit der Französischen Revolution, Studien zur neuere Geschichte, Bd. 8, Europäische Verlagsanstalt, Frankfurt a. M. 1967.

→ geführt in mindestens 152 zentralen Bibliotheken, darunter die:
  - National Library of Israel, Library of Congress/Washington D.C., Cambridge University Library, University of Oxford, Bibliothèque nationale de France, Biblioteca nazionale centrale di Roma, Koninklijke Bibliotheek Den Haag

- Walter Grab, Noch ist Deutschland nicht verloren. Eine historisch-politische Analyse unterdrückter Lyrik von der Französischen Revolution bis zur Reichsgründung. Vorwort von Uwe Friesel, Erweiterte Neuauflage, dtv, München 1973.
  → geführt in mindestens 232 zentralen Bibliotheken, darunter die:
  - Library of Congress, National University of Ireland, Bibliothèque nationale de France, Koninklijke Bibliotheek Den Haag, Det Kgl. Bibliotek - Aarhus, Zentralbibliothek Zürich, Polish Research Libraries, National Library of Israel, Australian National University, The Chinese University of Hong Kong, Korea University Library, Kanagawa University Library

- Walter Grab, Heinrich Heine als politischer Dichter, überarbeitete und erheblich erweiterte Ausgabe, Büchergilde Gutenberg, Frankfurt a. M. 1992
  → geführt in mindestens 250 zentralen Bibliotheken, darunter die:
  - Library of Congress, New York Public Library, Yale University Library, Princeton University Library, University of British Columbia, National Library of Scotland, University of Cambridge, University of Oxford, Bibliothèque nationale de France, Bibliothèque interuniversitaire de la Sorbonne, Koninklijke Bibliotheek Den Haag, Det Kgl. Bibliotek - Aarhus, Zentralbibliothek Zürich, National Library of Israel, Shanghai Library, Australian National University

- Walter Grab, Leben und Werke norddeutscher Jakobiner, Deutsche revolutionäre Demokraten, Bd. 5, Metzlersche Verlagsbuchhandlung, Stuttgart 1973.
  → geführt in mindestens 208 zentralen Bibliotheken

- Walter Grab, Friedrich von der Trenck, Scriptor Verlag, Kronberg/Ts. 1977.
  → geführt in mindestens 92 zentralen Bibliotheken

- Walter Grab (Hrsg.), Juden und jüdische Aspekte in der deutschen Arbeiterbewegung: 1848 - 1918, internationales Symposium, Dezember 1976, Nateev-Printing and Publishing, Tel Aviv 1977.

→ geführt in mindestens 121 zentralen Bibliotheken

- Walter Grab, Ein Mann, der Marx Ideen gab, Droste, Düsseldorf 1979.
  → geführt in mindestens 113 zentralen Bibliotheken

- Imanuel Geiss und Julius H. Schoeps (Hrsg.), Revolution und Demokratie in Geschichte und Literatur: zum 60. Geburtstag von Walter Grab, unter Mitwirkung von Ludger Heid (mit Beiträgen von Walter Grab)Walter Braun Verlag, Duisburg 1979.
  → geführt in mindestens 131 zentralen Bibliotheken

- Walter Grab (Hrsg.), Deutsche Aufklärung und Judenemanzipation, internationales Symposium, Dezember 1979, Nateev-Printing and Publishing, Tel Aviv 1980.
  → geführt in mindestens 117 zentralen Bibliotheken

- Walter Grab (Hrsg.), Gegenseitige Einflüße deutscher und jüdischer Kultur von der Epoche der Aufklärung bis zur Weimarer Republik. Internationales Symposium, April 1982, Nateev-Printing and Publishing, Tel Aviv 1982
  → geführt in mindestens 109 zentralen Bibliotheken

- Walter Grab und Julius H. Schoeps (Hrsg.), Juden im Vormärz und in der Revolution von 1848, Burg Verlag 1983
  → geführt in mindestens 197 zentralen Bibliotheken

- Walter Grab, Ein Volk muß seine Freiheit selbst erobern. Zur Geschichte des deutschen Jakobinismus, Büchergilde Gutenberg, Frankfurt a. M. 1984.
  → geführt in mindestens 155 zentralen Bibliotheken

- Walter Grab (Hrsg.), Jüdische Integration und Identität in Deutschland und Österreich: 1848 - 1918, internationales Symposium, April 1983, Nateev-Printing and Publishing, Tel Aviv 1984.
  → geführt in mindestens 96 zentralen Bibliotheken

- Tim Gidal und Walter Grab und Uriel Tal, Jews in Germany, from Roman times to the Weimar Republic. Juden in Deutschland, von den Tagen Roms bis zur Weimarer Epoche, Tel Aviv Beth Hatefutsothn 1984
  → geführt in mindestens 155 zentralen Bibliotheken

- Walter Grab, Georg Büchner und die Revolution von 1848. Der Büchner-Essay von Wilhelm Schulz aus dem Jahre 1851. Unter Mitarbeit von Thomas Michael Mayer, Athenäum Verlag, Königstein/Ts, 1985

→ geführt in mindestens 239 zentralen Bibliotheken

- Walter Grab (Hrsg.), Juden in der deutschen Wissenschaft: internationales Symposium, April 1985, Nateev-Printing and Publishing, Tel Aviv 1986
  → geführt in mindestens 105 zentralen Bibliotheken
- Walter Grab und Julius H. Schoeps (Hrsg.), Juden in der Weimarer Republik, 2. veränderte Auflage, Primus Verlag, Darmstadt 1998
  → geführt in mindestens 214 zentralen Bibliotheken

Zeitfracht Medien GmbH
Ferdinand-Jühlke-Straße 7
99095 Erfurt, Deutschland
produktsicherheit@kolibri360.de